**Aus Überzeugung und Leidenschaft:
Menschen und Manufakturen der Ostalb**

von den Machern von XAVER
mit Fotos von Andreas Wegelin

WAS IST HEIMAT?

Ein Ort?
Ein Gefühl?
Erinnerungen?
Sehnsucht?
Ein Fleck auf der Landkarte
oder im Herzen?

Heimat sind Menschen.
Heimat schmeckt und duftet.
Man kann sie anschauen,
anfassen,
aufessen,
anziehen.

Wie das geht?
Einfach blättern und lesen.
In diesem Buch.

Für mehr Heimatliebe.

ESSEN & TRINKEN

6	Zinßer Mühle
10	Wielands Bierbrauerei
14	Jasi's-Cupcakelädle
18	Grünerlei und Ökonetz
22	Abele Rapsöl
26	Zumhofer Hausnudeln
30	Ver-edelt Fruchtaufstriche
34	Schwarz Coffee Shop
38	Wanners Eis-Café
42	Hofcafé Mangold
46	Manufaktur Jörg Geiger
50	Remstaler Senfmanufaktur
54	Gärtnerei Wiedmann
58	Kaffeerösterei El Molinillo
62	Andreas B Manufaktur
66	Mosterei Seiz
70	Wagner Kartoffeln

Natürliche Mehle und Erzeugnisse

ZINSSER MÜHLE

HOCHDORF BEI PLOCHINGEN

Großeltern können eine wunderbare Informationsquelle sein. Das dachte sich auch Jürgen Zinßer und fragte seine Oma kurzerhand nach ihrem Hefeteig-Rezept. Er hatte Zahlen, Mengenangaben – ein klassisches Rezept eben – erwartet. Stattdessen habe seine Oma ihre gute, alte Backschüssel aus dem Schrank geholt und erklärt, dass sie die immer so circa dreiviertel mit Mehl vollfülle und dann die restlichen Zutaten zugebe. „Ihre Hände wussten halt, wie der Teig sein muss. Dieses Erfahrungswissen lässt sich irgendwie nicht beziffern", erkannte Jürgen Zinßer und greift diese Herangehensweise heute in seinen eigenen Backkursen auf, macht sie zum eigentlichen Kursinhalt. „Wann ist das Teigle gut?" lautet die zentrale Frage. Antworten liefern die Sinne, das Erleben. Es wird geknetet, gefühlt und geschaut. Und Jürgen Zinßer findet: „Da bin ich meiner Oma ganz nah!"

Eigentlich ist Jürgen Zinßer kein Bäcker, sondern Müllermeister. Bereits in 13. Generation leitet er die Zinßer Mühle im schwäbischen Hochdorf. „Alle Ideen, die übers Mehl-Mahlen hinaus gehen, sind immer an der Ladentheke entstanden", erzählt er und lässt seinen Blick durch den urigen Mühlenladen schweifen.

Die eigenen Mehle und Backmischungen reihen sich hier, in den ältesten Räumen der Mühle, neben weiteren Backzutaten, Gewürzen, Tees, schwäbischen und Bio-Spezialitäten sowie Schönem und Nützlichem für den Haushalt ein.

Gleich rechts nach der Eingangstür führt eine schmale, knarrige Holztreppe in die traditionelle Mehlmanufaktur. Läuft der Mahlvorgang, steigt der Lärmpegel. Dann wird Korn, Schrot, Grieß und Mehl geschrotet, gemahlen, gesiebt und durch unzählige Rohre über vier Stockwerke gepustet. Am Ende landet nur das im Papierbeutel, was man von einem Mehl erwartet: gemahlenes Korn. Heutzutage keine Selbstverständlichkeit, gibt es doch vielerlei Zusatzstoffe, die der Verbesserung der Verarbeitungs- und Backeigenschaften dienen sollen.

„ICH BRAUCHE UNBEDINGT WIEDER IHR MEHL – DAS IST DAS SCHÖNSTE, WAS EIN BACKFAN MIR SAGEN KANN. DA WERF' ICH DOCH GERNE DEN RIEMEN AUF DIE MÜHLE."

„Wir machen Handwerksmehl wie früher, komplett frei von Mehlbehandlungsmitteln und Enzymen und verkaufen 100 Prozent Natur in der Tüte", bringt es Jürgen Zinßer auf den Punkt. In der Mühle lande außerdem nur Getreide aus der direkten Nachbarschaft von Neckar und Fils. Brot ist ein absolutes Grundnahrungsmittel – selber backen (können) es die wenigsten. „Mit geht's darum, Menschen zu befähigen, frei von einem starren Rezept und unter Haushaltsbedingungen leckeres Brot und andere Gebäcke zu backen", berichtet Zinßer von den Anfängen der Backwerkstatt, die er 2002 ins Leben rief, um aufzuzeigen, was man ohne großen Aufwand aus seinem Mehl zaubern kann.

An der Schüssel stehe er gerne mit anderen: „Viele wissen ja gar nicht, welche Kräfte da wirken, wenn Mehl, Wasser, Hefe und Salz aufeinandertreffen. Zu Beginn stecken sie mit ihren Händen in einem klebrigen Klumpen fest. Über die Belehrung ihrer Sinne gelingt es ihnen schließlich, dieses Ding zum schmackhaften Laib zu erwecken."

ZUTATEN

500 g Mehl
10 g Salz
maximal 21 g Frisch-Hefe
ungefähr 350 g Wasser

„DAS GEHEIMNIS SCHMACKHAFTES SCHWÄBISCHES LANDBROT ZU BACKEN LIEGT DARIN, DEM MEHL SO VIEL WASSER ZUZUGEBEN, WIE ES MAXIMAL AUFNEHMEN KANN. UND DAS VARIIERT VON MEHL ZU MEHL."

Selbermachen

EINFACH BROT BACKEN

So findet man die optimale Wassermenge: Mehl in eine Schüssel geben, frische Hefe in die Mitte bröseln und etwas lauwarmes Wasser hinzugeben. Dann zu kneten beginnen – von Hand oder mit einem Gerät.

Das weitere Wasser wird nun esslöffelweise zugegeben, bis der Teig außen glatt und luftig aussieht und sich geschmeidig, wollig anfühlt. Zum Schluss wird dann noch das Salz eingeknetet.

Hat man einmal den maximalen Sättigungspunkt seines Mehls herausgefunden, muss man das freilich nicht immer wieder machen. Man kann einfach von der Teigmasse das Gewicht von Mehl, Hefe und Salz abziehen – schon hat man die zugegebene Wassermenge.

An einem warmen Ort zugedeckt gehen lassen, bis der Teig die doppelte Größe erreicht hat. Dann sanft zu einem Laib formen.

Vor dem Einschieben in den auf 250°C vorgeheizten Ofen den Teig mit Wasser benetzen.

Hat das Brot Volumen und Farbe erlangt, muss auf die Backtemperatur heruntergeschaltet werden. Je nach Teigmenge und Ofengröße dauert das 10 bis 20 Minuten. Ein 1.000 g-Mehl-Teig muss anschließend rund 60 Minuten bei 220°C backen. Ein 500 g-Mehl-Teig ebenfalls 60 Minuten, es reichen aber 200°C.

ZINSSER MÜHLE – SEIT 1524 / Roßwälder Straße 4 / 73269 Hochdorf / Tel. 07153-51190 / www.zinssermuehle.de

Bio-Bier

WIELANDS BIERBRAUEREI

ABTSGMÜND

Die Geschichte des Bieres ist, so sagt man, fast so alt wie die der Menschheit. Natürlich ist der Trunk von damals, dessen eher zufällige Entdeckung der mangelhaften Getreidelagerung zu verdanken ist, nicht mit dem heutigen Gerstensaft vergleichbar. Vor allem in Deutschland ist Bier inzwischen viel mehr als ein erfrischendes, wohlschmeckendes alkoholisches Getränk – es ist ein Kulturgut. Statistiken untermauern dies mit den entsprechenden Zahlen: Bei rund 100 Litern im Jahr liege der Pro-Kopf-Verbrauch in Deutschland. Wenn man Christof Wieland fragt, warum er eigentlich Diplom-Bierbrauer geworden ist, muss er kurz überlegen. „Vielleicht dachte ich mir, dass Bier bestimmt immer getrunken werden wird", schmunzelt er dann. Da lag er wahrscheinlich ziemlich richtig.

Lehre zum Bierbrauer, Studium zum Diplom-Braumeister, viele Jahre in verschiedenen Brauereien, bevor er sich dann Ende 2009 selbständig machte – so lässt sich Christof Wielands Lebensweg kurz und knapp zusammenfassen. „Ich glaube, dass jeder Bierbrauer insgeheim davon träumt, irgendwann sein eigenes Bier zu brauen", sagt er.

Für ihn ging dieser Traum mit seiner kleinen Brauerei im Herzen von Abtsgmünd in Erfüllung. Das bedeutet gleichzeitig, dass er jetzt viel mehr ist als bloß Braumeister: „Ich bin Hausmeister, Elektriker, Abfüller, Ausfahrer", zählt er auf. In einer großen Brauerei habe eben jeder seine eine Aufgabe. Hier müsse er alles selber machen. Beziehungsweise: „Zu zweit alleine", wie er es nennt.

Tatkräftig unterstützt wird er von seiner Frau Sabine. Die beiden produzieren übrigens nicht einfach nur Bier! Seit 2012 sind Wielands Biere ganz offiziell bio-zertifiziert. „Klar, in Deutschland hat sich jeder Brauer an das so genannte Reinheitsgebot zu halten, das besagt, dass ausschließlich Malz, Hopfen, Wasser und Hefe zum Brauen zugelassen sind. Da fragen sich natürlich viele, ob man da überhaupt ein Bio-Bier braucht", erklärt Christof Wieland. Er findet schon. Schließlich gehe es dabei um eine viel größere Idee, um Nachhaltigkeit, um die Schonung der natürlichen Ressourcen, um ein Wirtschaften im Einklang mit der Natur.

„LEUTE, DIE BEI UNS REINSCHAUEN, SIND IMMER TOTAL BEGEISTERT, WENN SIE UNSEREN OFFENEN GÄRBOTTICH SEHEN."

Holzkisten und Bügelverschlüsse aus Keramik machen Wielands Konzept komplett und verpassen dem Ganzen diese wunderbar nostalgische Note.
„Über Geschmack muss man sich nicht streiten", ist Christof Wieland überzeugt. Außerdem gehe es beim Bier ohnehin nicht immer nur um Geschmack. Es gehe um Emotion, um Tradition. Für den Braumeister ist jedenfalls klar: „Frisch muss es sein und schmecken muss es, dann ist es ein gutes Bier!" Ersteres trifft bei seinen Bieren garantiert zu, da sie nur rund drei Monate haltbar sind. „Das liegt einfach daran, dass unsere Biere nicht pasteurisiert, also erhitzt werden", klärt er auf. Zudem seien sie nicht filtriert – die vielen gesunden Hefezellen bleiben also im Bier erhalten. Hopfen komme außerdem immer nur in Form der ganzen Blüte, den Dolden, niemals bloß als Extrakt zum Einsatz.

Bis zu fünf verschiedene Sorten Malz verpassen dem hellen und dunklen Lager, den unterschiedlichen Weizen und den saisonalen Bock-Bieren ihren jeweiligen, einzigartigen Geschmack. „Hier im Ostalbkreis produzieren sieben Brauereien eine so große Vielfalt an Biersorten. Ich finde, da muss man nicht wirklich die Fernsehbiere kaufen. Da müsste für jeden etwas dabei sein", ruft Christof Wieland abschließend zu mehr Regionalität beim Bierkauf auf.

11

Sachkunde

WELCHES BIER ZU WELCHEM ESSEN?

Auf dem Dorffest spült Bier Pommes und Bratwurst runter. Bei Geburtstagsfeten wird Bier auch mal zur Torte getrunken. Und im Restaurant wird es immer von denen bestellt, die Wein irgendwie nicht so richtig mögen. Die Biersorte ganz bewusst aufs Essen abstimmen – das macht kaum einer, nicht mal echte Bierfans. Das liegt vermutlich daran, dass es in Sachen Bier keine allgemein bekannten Grundregeln gibt wie beim Wein. Weißwein zu Fisch, Rotwein zu dunklem Fleisch zum Beispiel. Und auch daran, dass fast nirgends, weder in Haushalten noch in der Gastronomie, eine wirklich große Bier-Auswahl zur Verfügung steht. Es gibt Wein- und keine Bierkeller. Dabei ist auch Bier ein idealer Begleiter zu jedem Essen. Zu deftigen Bierzelt-Gerichten genauso wie zu feinen Speisen. Dazu passen beispielsweise die Sorten aus Wielands Bierbrauerei:

HELLES LAGER

Ist leicht und erfrischend und verträgt sich gut mit Zitrus-Aromen und leichten Gerichten wie frischem Salat, knusprig gebratenem Hähnchenbrustfilet oder gratiniertem Lachs sowie Risottos.

DUNKLES LAGER

Das malzige Aroma und der leicht süßliche Geschmack machen es zu einem tollen Begleiter von herzhaftem Braten und Eintöpfen, aber auch von gebratenem Fisch und kräftigem Käse.

HELLES HEFEWEIZEN

Ist an sich schon recht nahrhaft und passt deshalb besonders gut zu Salaten und frisch frittierten Kleinigkeiten, verträgt sich aber auch mit Meeresfrüchten gut.

BOCKBIER

Hat ein ausgeprägtes Hopfenaroma und passt deshalb prima zu Spanferkel, zu Wildgerichten, Ente, Käse, aber auch süßen Desserts wie Crème brulée oder saftigem Schokokuchen.

WIELANDS BIERBRAUEREI / Dewangerstraße 1A / 73453 Abtsgmünd / Tel. 07366-9209990 / www.wielands-bier.de

Gebackene Unikate

JASI'S-CUPCAKELÄDLE

SCHWÄBISCH GMÜND

Rechts in der Ecke auf einer leicht erhöhten Fläche steht ein rosafarbenes Samt-Sofa, gegenüber zwei passende Sessel und ein kleiner, runder Tisch aus dunklem Holz. Manche mögen das Arrangement kitschig, vielleicht sogar altbacken finden. Tatsächlich sei das einer der Lieblingsplätze ihrer Kunden, erzählt Jasmin Bulach. Kein Wunder, schließlich hat man von hier aus den besten Blick in die offene Backstube, auf das übrige Café und die Passanten, die neugierig durch die großen Fenster linsen. Im Wohnzimmer-Flair von Jasi's Cupcakelädle kann es durchaus passieren, dass man einfach mal die Zeit vergisst. Womöglich bleibt sogar die Zeitung ungelesen liegen, weil es so viel zum Gucken gibt – und natürlich auch zum Naschen.

Cupcakes, das sind kleine Kuchen, etwa tassengroß – daher der Name. Außerdem werden sie mit einer Crèmehaube und zum Beispiel mit Schokosplittern verziert. Mini-Torten sozusagen, oftmals knallbunt. Farbenfroh geht's auch im Glaskasten auf der Theke in Jasmin Bulachs Laden zu. Hier sind die Leckereien aufgereiht, die zwei, drei Meter weiter hinten gefertigt wurden: Cupcakes natürlich, aber auch so genannte Cakepops, Kuchen am Stiel, und ganz klassische Torten und Kuchen. „Ich glaube, mittlerweile kommen wir auf rund 130 Cupcake-Sorten. Wir sind da sehr experimentierfreudig", grinst Inhaberin Jasi.

Eine solche Vielzahl ist freilich nicht immer verfügbar. Ein Besuch im Lädle in der Schwäbisch Gmünder Innenstadt lohnt sich also öfter mal, da das Angebot täglich wechselt – je nach Jahreszeit und je nachdem, welche frischen Früchte auf dem Gmünder Wochenmarkt aktuell zu kriegen sind. Gebacken wird immer frisch, darauf legt Jasmin Bulach allergrößten Wert. „Wir machen hier wirklich alles selber. Die Teige, die Crèmes, das ist nichts Künstliches. Die Rohstoffe beziehen wir größtenteils aus der Region. Die Eier, die in unseren Rührschüsseln landen, werden von freilaufenden Hühnern gelegt, die auf einem Hof in unserem Ländle leben, wo sie einfach noch Huhn sein dürfen", zählt sie einige Grundlagen ihrer Arbeitsweise auf.

„ICH MÖCHTE BEI DEM, WAS ICH VERKAUFE, EIN GUTES GEFÜHL HABEN."

Das Ergebnis sind gebackene Unikate, die man nur schweren Herzens anknabbern möchte, weil sie so hübsch anzuschauen sind. Schon bald wird man diese auch online bestellen können. Wie das funktioniert? „Gemeinsam mit einem Verpackungshersteller haben wir ziemlich lange am optimalen Karton getüftelt. Ich bin wirklich sehr gespannt, wie das angenommen wird!"

„Eine offene Backstube war uns besonders wichtig, damit jeder sehen kann, was wir machen. Es sollte klein, gemütlich, herzlich werden", berichtet Jasmin Bulach von der Konzeption der Räume, die Produktionsstätte, Laden und Café unter einem Dach und auf einer überschaubaren Quadratmeterzahl vereinen. Wenn sie von „wir" spricht, dann meint sie ihre Familie, vor allem ihre Mutter Eva, die quasi die „Dame für alles" ist. „Das Lädle ist ein richtiger kleiner Familienbetrieb mit tollem Team. Ohne diese wunderbaren Menschen würde es den Laden gar nicht geben", sagt sie. Gebacken wird übrigens nicht nur für die Laufkundschaft und Café-Besucher, sondern auch auf Bestellung – für Feierlichkeiten aller Art, für Geburtstage, Hochzeiten, Freunde, Kollegen.

„Motivtorten werden auch hierzulande immer populärer", weiß Jasi. Möglich sei im Prinzip alles, vom mehrstöckigen Traum in Weiß bis zur Totenkopf-Torte. „Ich freue mich immer über Aufträge, die ein bisschen aus der Reihe tanzen, echte Herausforderungen, die richtig viel Ideenreichtum erfordern", schmunzelt sie.

15

FÜR DEN TEIG

135 g Butter, zimmerwarm
120 g Zucker
1 Prise Salz
2 Eier, Größe L
80 g Kuvertüre, zartbitter
140 g Mehl
3/4 TL Backpulver
75 ml Milch
150 g Erdbeermarmelade

„EINE ERDBEERE UND DAS PÜREE VERPASSEN DEN KLEINEN KUCHEN DEN LETZTEN SCHLIFF."

ERDBEERCRÈME

190 g Butter, zimmerwarm
170 g Puderzucker
300 g Frischkäse
120 g Erdbeeren
12 schöne Erdbeeren
zum Dekorieren

Selbermachen

SCHOKO-ERDBEER-CUPCAKES

1

Die Schokolade im Wasserbad schmelzen und ca. 10 Minuten abkühlen lassen.
Den Backofen auf 170°C (Umluft/Heißluft) vorheizen und 12 Muffin-Papierförmchen einsetzen.
Butter und Zucker in einer Schüssel mit einem Rührbesen sehr schaumig schlagen. Eier nach und nach dazugeben und sehr gut unterschlagen, bis eine homogene Masse entsteht. Die abgekühlte Schokolade unterrühren.

2

Mehl mit Backpulver und Salz mischen. Die Mehlmischung mit der Milch abwechselnd unterheben und nur noch kurz aufschlagen.
Den Teig in die Muffinformen geben, zu zwei Dritteln füllen und je 1 TL Erdbeermarmelade hinzugeben. Bei 170°C etwa 20 Minuten backen. Auskühlen lassen. Währenddessen die Erdbeeren pürieren und anschließend durch ein Sieb streichen.

3

Die Butter und den Puderzucker mit dem Rührbesen schaumig rühren. Dann den Frischkäse unterrühren, bis eine schöne Crème entsteht. Zum Schluss ca. 70 g Erbeerpüree unterrühren.
Die Crème in einen Spritzbeutel füllen und die abgekühlten Cupcakes damit verzieren.

JASI'S-CUPCAKELÄDLE / Bocksgasse 30 / 73525 Schwäbisch Gmünd / Tel. 07171-8752982 / www.jasis-cupcakelaedle.de

Bioland-Gemüse und -Obst

GRÜNERLEI UND ÖKONETZ

JAGSTZELL

Hinter Grünerlei und Ökonetz stehen die Überzeugungstäter Johannes und Günter Schlosser sowie Paul Lutz. Für sie gibt es hinsichtlich der Ressourcenschonung keine Alternative zum Bio-Landbau. Die Gebrüder Schlosser führen ihre Biogärtnerei Grünerlei bereits in dritter Generation. Zusammen mit Paul Lutz gründete Johannes Schlosser außerdem Ökonetz, einen Zusammenschluss von Bio-Erzeugern und Händlern, die sich gegenseitig mit hochwertigster Bio-Ware versorgen.

Kaum eine andere Gärtnerei in der Region führt so viele unterschiedliche Sorten an Gemüse und Salat aus Eigenanbau wie die Gärtnerei Grünerlei. Darauf legen die Schlossers besonders großen Wert. Sie zielen nicht auf Massenproduktion ab, sondern ausschließlich auf guten Geschmack und ein umfangreiches Sortiment.

Abhängig von der Saison führen sie diverse Tomatensorten, Kartoffeln, Karotten, Kohl, Bohnen, Salate und viele andere typische Gemüsesorten, aber auch Besonderheiten, die man im Supermarkt nicht bekommt: roter Mangold, Postelein oder Kräuter wie Ysop und Thai-Basilikum. Selbst die Herstellung von Sauerkraut, Roter Beete im Glas oder Hagebuttenmark übernehmen die Schlossers selbst.

Volle Kontrolle aus Überzeugung: „Bio alleine reicht heute nicht mehr", erzählt Johannes Schlosser, das habe heute auch jeder Discounter. Daher züchten sie sogar einen Teil des Saatguts selbst, um nicht vom Angebot der Saatgutersteller abhängig zu sein, oder ziehen Jungpflanzen und pflegen sie und ihre Früchte bis zur Vollreife. Die gewählten Gemüsesorten bringen zwar weniger Ertrag, haben dafür aber genug Zeit und eben weniger Früchte, so dass jede einzelne Frucht mehr Energie und damit mehr Geschmack bekommt. „Das ist wie beim Menschen", erklärt Johannes Schlosser. „Wenn man zu viel arbeiten muss, dann ist irgendwann Schluss und es kommt nichts Gutes mehr dabei raus."

„ES SIND JA NICHT VIELE SO VERRÜCKT WIE WIR."

Übernommen haben die Brüder die Gärtnerei von den Eltern August und Hedwig Schlosser, die ihren Betrieb bereits 1973 als Biolandbetrieb zertifizieren ließen und damit einer der Pioniere bei Bioland waren. Gartenbau wie vor der Zeit der chemischen Anbaukeulen in den 60ern, aber unter Einbezug der seither umfangreichen Forschungserkenntnisse über biologisch-organische Landwirtschaft. 2008 gründete Johannes Schlosser gemeinsam mit Paul Lutz den Handelsbetrieb Ökonetz, der den Austausch zwischen verschiedenen Bio-Erzeugern und dem Naturkostverband organisiert. Alle teilnehmenden Erzeuger sind entweder Bioland, Naturland oder Demeter zertifiziert und damit deutlich höheren Auflagen als bei EU-Bio unterworfen. „So gewährleisten wir, dass auch bei Zukauf nur hochwertige Bioware angeboten wird", versichert Lutz. Durch die Label Grünerlei und Ökonetz wird auch für den Kunden das Angebot besonders transparent.

Mit dem Label Ökonetz wird deutlich die zugekaufte Ware gekennzeichnet, zum Beispiel Exoten wie Avocado oder Bananen sowie einiges Obst im Sortiment von Grünerlei, das die Schlossers von Kooperationspartnern beziehen, da sie selbst in erster Linie Gemüse anbauen. Und selbst das ist für die Gegend um Jagstzell eigentlich ungewöhnlich, da das Gebiet für Gemüseanbau keine idealen Bedingungen bietet. Doch das ist kein Hinderungsgrund für einen Gärtner, der seine Arbeit mit so viel Leidenschaft und Überzeugung lebt, dass er sogar sein Wohnhaus aus Naturholz innerhalb eines alten Gewächshauses gebaut hat!

Sachkunde

TIPPS FÜR DIE PFLANZENAUFZUCHT
VON JOHANNES SCHLOSSER

SAMEN

Unbedingt frisches Saatgut benützen – am besten aus ökologischem Anbau. Nicht vergessen, die Saat mit Sorte, Art und Datum zu kennzeichnen.

ERDE

Anzuchterde verwenden. Manche Pflanzen reagieren empfindlich auf hohe Salzgehalte in der Anzuchterde, daher entweder ein Rindenkultursubstrat Typ 0 oder Einheitserde Typ P verwenden. Je nach Saat braucht es außerdem ein anderes Abdeckmaterial. Lichtkeimer mögen ein Erde-Sand-Gemisch. Dunkelkeimer sollte man mit Vermiculite absieben.

TEMPERATUR

Bei den meisten Pflanzen liegt die optimale Keimtemperatur bei 18 bis 22°C. Hierfür die Anzuchtbehälter mit Vlies, Folie oder einem Deckel versehen. Nachts auf genügend Wärme achten.

BELÜFTUNG

Auf rechtzeitiges Lüften achten. Je weniger Luftvolumen im Anzuchtbehälter vorhanden ist, desto pünktlicher muss gelüftet werden.

BEWÄSSERUNG

Die Feuchtigkeit muss täglich kontrolliert werden. Es darf nicht zu trocken sein. Staunässe vermeiden.

UMPFLANZUNG

Vorzugsweise Tontöpfe verwenden. Sie überhitzen nicht, transportieren Feuchtigkeit, haben durch ihre poröse Oberfläche eine gute Durchlüftung und damit eine ideale Wurzelbildung zur Folge.

LICHT

Nach dem Umpflanzen genügend Zeit zum Abhärten lassen, am besten im Freien. UV-Licht dringt nicht durch Fensterscheiben, ist für die Farbentwicklung und Ausbildung der robusten Blattoberfläche aber nötig.
Je weniger Licht und je höher die Temperatur, umso länger wird der Spross und umso weniger Blätter entstehen.

SCHLOSSER GRÜNERLEI GBR UND SCHLOSSER-LUTZ ÖKONETZ GBR / Riegelhof 7 / 73489 Jagstzell
Tel. 07967-206824 / facebook: grünerlei-ökonetz

Öle aus Raps und Hanf

ABELE RAPSÖL

DISCHINGEN-DUNSTELKINGEN

Das Rapsöl von Wilfried Abele bekommt man inzwischen bei einigen regionalen Weiterverkäufern von Nördlingen über Aalen bis Herbrechtingen. Wer genau wissen will, wo das wertvolle Öl herkommt, der macht sich auf den Weg nach Dischingen-Dunstelkingen und folgt dann den einfachen Holzschildern mit der Aufschrift „Prinzenmühle", denn der Hof der Abeles liegt etwas außerhalb, umrundet von Feldern und Wiesen am Ende einer schmalen Zufahrtsstraße. Dort gibt es verschiedene Öle und andere landwirtschaftliche Erzeugnisse direkt vom Hersteller.

Wilfried Abele presst bereits seit 2002 Rapsöl. Zunächst wurde es allerdings nicht zur Gewinnung von Speiseöl genutzt, sondern lediglich als Viehfutter; später wurde es auch als Treibstoff weiterverarbeitet. Erst als 2006 einmal Frau Abele beim Kochen das Öl ausgegangen war, probierte man aus der Not heraus einfach mal das Öl aus eigener Herstellung. Die Überraschung war groß, als Frau Abele feststellte, dass das eigene Erzeugnis sogar besser war als das gekaufte. Nachdem es auch die ganze Verwandtschaft im Dorf getestet und für gut befunden hatte, kam bald der Entschluss, das Öl als Speiseöl zu verkaufen.

Und das aus einem ganz einfachen Grund: „Wir haben da eine Tante im Dorf. Und wenn die sagt, des taugt was, dann funktioniert's auch", so Abele. Und die Tante sollte Recht behalten. Das Öl kam auch bei den Kunden gut an und Wilfried Abele experimentierte weiter mit unterschiedlichen Rapssorten, bis seine Frau ihm schließlich von einem neuen, kaltgepressten Rapsöl für die heiße Küche erzählte.

2008 wurde besagtes Saatgut angeschafft, obwohl es teurer war und weniger Ertrag versprach als herkömmlicher Raps, 2009 wurde das erste Öl abgefüllt. Doch das teurere Öl fand keine Abnehmer, weshalb Abele es schließlich einfach verschenkte.

„MIR GEHT'S UM GUTES FÜR LAND UND LEUTE."

Kurz darauf kamen dann doch die ersten Nachfragen, denn das sogenannte Holli-Rapsöl ist besonders stabil, bleibt selbst bei hohen Temperaturen geschmacksneutral, ist daher sehr gut geeignet zum Braten oder Frittieren und überzeugte damit schließlich die beschenkten Kunden schlicht durch seine Qualität.

Hinzu kommt eine für den Menschen besonders günstige Zusammensetzung: In der Tat haben neuere Forschungen ergeben, dass Rapsöl allgemein ein sehr gesundes Verhältnis von Omega 3- und 6-Fettsäuren enthält, damit für eine cholesterinbewusste Ernährung ideal ist und so Arterienverkalkung und Herzerkrankungen entgegenwirken kann. Das besondere Holli-Rapsöl enthält außerdem die Omega 9-Fettsäure und hat damit einen hohen Anteil an einfach ungesättigten Fettsäuren - das macht es so hitzebeständig. Die Abeles verwenden das Öl selbst für nahezu alles, vom Kuchen über Salate bis zur hauseigenen Dosenwurst.

Mittlerweile bietet Wilfried Abele auch Betriebsbesichtigungen an und informiert die Besucher über Anbau und Herstellung von Rapsöl, die wertvollen Inhaltsstoffe und reicht seine Öle natürlich auch zur Verkostung.

Um mehr Abwechslung in sein Angebot zu bringen, gibt es inzwischen auch Rapsöl mit verschiedenen Kräutern oder Chili. Auf seiner Öl-Erkundungsreise ist er nun zudem auf den Hanf gekommen, denn auch Hanföl hat ein ausgesprochen gesundes Verhältnis von Omega 3- und Omega 6-Fettsäuren. Leben kann die Familie von den Ölen nicht. Aber darum geht es Wilfried Abele auch nicht, sondern um gesundes Öl.

Selbermachen

HÄRTSFELDER KEKSE BACKEN

ZUTATEN

1 Ei
50 g Butter
100 ml Holli-Öl
80 g Zucker
100 g Haselnüsse
80 g Rohrzucker
180 g Mehl
1/4 TL Salz
1/2 TL Backpulver
2 Päckchen Vanillezucker
und Schokoladentröpfchen

Butter, Holli-Öl und Zucker schaumig rühren. Vanillezucker hinzufügen und mit dem Ei unterschlagen. Das mit Backpulver und Salz gemischte Mehl unterrühren, die gehackten Haselnüsse und die Schokoladentröpfchen einarbeiten.

Mit einem Löffel kleine Häufchen auf ein ungefettetes Backblech setzen. Im vorgeheizten Backofen bei 175°C 12 bis 14 Minuten backen, bis sie auseinander gegangen und goldbraun sind. Nach kurzem Abkühlen mit einem Spachtel vom Blech nehmen. In einer Blechdose aufbewahren.

Tipp: Einfach ins letzte Drittel des Teiges etwas Kakaopulver rühren – das bringt mehr Abwechslung in die Keksdose.

ABELE RAPSÖL / Prinzenmühle 1 / 89561 Dischingen-Dunstelkingen / Tel. 07327-6139 / www.abele-rapsoel.de

ZUMHOFER HAUSNUDELN
JOACHIM A. POKORNY

RUDERSBERG-ZUMHOF

Gibt man im Navi die Adresse von Joachim A. Pokorny ein, so wird man die Zumhofer Hausnudeln nicht gleich finden. Denn die Schützenstraße 4 in Rudersberg-Zumhof ist zu einem Drittel nur ein Fußweg. Und genau dort befindet sich Herrn Pokornys kleines Lädle in einem schwedisch anmutenden roten Häuschen. Besser, man gibt die Waldensteiner Straße 4 ein und wendet am Ziel den Blick nach links – dann ist man nur noch ein paar Schritte entfernt vom kunterbunten Nudelsortiment und allerlei anderen Köstlichkeiten, die zur Nudel passen.

Auf die Nudel gekommen ist der gelernte Koch nebenbei, nachdem er die Nudelmaschine seines Vaters im Haus aufgestöbert und ausprobiert hat. „Die Maschine läuft heute noch", erzählt er. „Mit der mach i' heut noch Buchstabennudla." 20 Jahre lang produzierte er seine Nudeln nebenbei, angefangen Mitte der 90er in Mutters Küche. Das aktuelle Lädle gibt es erst seit 2014. Außerdem trifft man ihn regelmäßig auf verschiedenen Feinschmeckermärkten in der Region an, zum Beispiel auf den Naturparkmärkten Schwäbisch-Fränkischer Wald oder häufig auch beim Gsälzfest in Schwäbisch Gmünd.

Bandnudeln, schmal oder breit, Spirelli, Macaronetti, Spaghetti, Hörnle, schwäbische Riebele oder natürlich Spätzle und Maultaschen. Mit Weizengrieß oder Dinkel, weiße Nudeln oder Vollkorn. Herr Pokorny hat sie alle in seinem Lädle. Und weil das an Abwechslung noch nicht reicht, umfasst das Sortiment auch noch verschiedene Geschmacksrichtungen mit Wildkräutern, Senf oder dem Spaghetti-Feuer-Mix. Saisonabhängig auch mal Bärlauch, dann wieder Zitrone, Tomate und Basilikum oder die Herbstvariante mit Kürbis.

„JE BUNTER, JE AUSGEFALLENER, DESTO BESSER."

Die Sortenvielfalt bringt die Abwechslung, auch für ihn als Hersteller. Dabei ist er immer darauf bedacht, vor allem regionale Produkte zu verarbeiten. Als besonderes Highlight bietet er interessierten Nudelliebhabern seine „Nudeln-Live".

Hier können kleine Gruppen nach Voranmeldung Einblicke in die Nudelherstellung bekommen. Dazu gibt es Snacks, hausgemachten Apfelmost und natürlich eine Nudelverkostung mit verschiedenen Soßen. Joachim A. Pokorny bietet außerdem einen vollen Cateringservice, bei dem man wahlweise auch „nudelfreie" Speisen bekommen kann, aber ebenso eine komplette „Nudelg'schicht", bei der selbst die Nachspeise aus der Teigware besteht: Schokonudeln zum Beispiel, mit Beeren, Vanilleeis und Sahne. Oder zu Weihnachten Zimt- und Lebkuchennudeln mit Zwetschgen oder Äpfeln.

Zuviel der Nudel? Nicht für Herrn Pokorny. Er isst sie selbst auch heute noch gern. Am liebsten die kurzen, ganz einfach mit Butter. Das ist auch seine Empfehlung für seine speziellen Nudelkreationen, um deren Eigengeschmack nicht zu überdecken. Man darf gespannt sein, welche Varianten in der Zukunft noch auf den Tisch kommen, denn die Neugierde seiner Kunden auf neue Geschmacksrichtungen nimmt er als Herausforderung.

DIE KLEINE NUDELKUNDE

Radiatori Grande Quattro Colori

Herz-Nudeln

Spirelli Sepia

Lasse Nudeln

Bandnudeln Natur, 4mm

Schneckle Bunt

Kürbis-Nüdeli

Spirelli Bunt

Sachkunde

Rüschele Natur Weihnachtsnudeln Chiocciola Colori Rigatoni Natur

Dampflock-Nudeln Große Muscheln Natur Bärlauch-Nudeln Radiatori Natur Breite Bandnudeln Natur

ZUMHOFER HAUSNUDELN / Joachim A. Pokorny / Schützenstraße 4 / 73635 Rudersberg-Zumhof
Tel. 07183-6976 / www.zumhofer-hausnudeln.de

Fruchtaufstriche und Lebensfreude

VER-EDELT
ZEIT ZUM GENIESSEN

KÖNIGSBRONN

Traudel Gold und Angelika Dömel sind im Ruhestand. Aber von Ruhe kann keine Rede sein: Mit ihrer kleinen Manufaktur für Fruchtaufstriche und dem 2015 hinzu gekommenen kleinen Café im Erdgeschoss des Elser Gedenkhauses in Königsbronn haben sie kaum noch eine freie Minute. Aber die viele Arbeit lohnt sich. Nicht nur wegen der Erfolgsgeschichte: „Mein Leben ist so interessant, das glauben Sie gar nicht", schwärmt Frau Gold. Dabei blitzt die Lebensfreude in ihren Augen, denn nach 35 Jahren im Büro hat sie sich zusammen mit Frau Dömel nun den Traum erfüllt, das bewusste Genießen in den Mittelpunkt ihres Lebens zu stellen. Für sich – und ganz besonders für ihre Gäste.

Ein Geschäftsmodell gab es anfänglich nicht, als Traudel Gold und Angelika Dömel im Spanienurlaub in Dénia beschlossen, für das Lavendelfest einer Freundin aus dem Lavendel, den Orangen und Zitronen, die dort wachsen, eine Marmelade zu kochen. Auch als sich Frau Gold 100 Kilo spanische Orangen nach Deutschland liefern ließ, war die Motivation zunächst nur, für Familie und Freunde einen leckeren Aufstrich zuzubereiten.

Doch als all die Früchte verkocht, die Gläser besorgt und befüllt, die Etiketten geklebt waren, kam schließlich der Gedanke: „Jetzt hatten wir so viel Aufwand damit, jetzt könnten wir das eigentlich auch verkaufen." Und das taten sie. Auf dem Weihnachtsmarkt am Ammersee verkauften sie mühelos ihre 120 Gläser an begeisterte Kunden. Nach dem ersten Erfolg kam schnell eine Erkenntnis, wie Frau Dömel erzählt: „Zu Hause sitzen geht eigentlich gar nicht." So viel zum Thema Ruhestand. Sie gründeten ihr kleines Unternehmen und fanden in der angemieteten alten Schulmensa einen Ort, an dem die notwendigen Bedingungen für Küchen in der Lebensmittelherstellung erfüllt waren. Auch dort wurde weiterhin von Hand entsteint, gerührt, gekocht, befüllt und etikettiert. Das soll auch so bleiben, denn die oberste Priorität ist, ein authentisches, mit Liebe hergestelltes Produkt in die Regale zu bringen.

„DIE MENSCHEN SOLLEN SICH WILLKOMMEN FÜHLEN."

Erst als man wegen „Küchenengpässen" schließlich eine eigene Küche brauchte, folgte der Umzug ins Erdgeschoss des Elserhauses. Vor Ort aber war sofort klar: In diesen Räumen und mit so einem schönen Garten muss man eigentlich ein Café eröffnen.

Gesagt, getan: Mit Freunden und Familie renoviert und liebevoll mit restaurierten Möbelstücken eingerichtet, gibt es das Café jetzt seit 2015. Serviert werden hausgemachte Kuchen, Torten und natürlich Hefezopf mit Butter und den eigenen Fruchtaufstrichen. Auch heute noch, trotz deutlich größerer Produktionsmengen als zu Beginn, wird alles wie in Mutters Küche von Hand gemacht. Lediglich bei ihren Rezeptideen halten sie sich weniger an Traditionen: Orange-Zitrone-Lavendel aus den Anfangszeiten gibt es immer noch, außerdem Mango-Ingwer, Himbeere-Granatapfel, die besondere Marille aus der Wachau und viele andere ungewöhnliche Sorten. Sie arbeiten immer mit frischen Zutaten der jeweiligen Saison. „Das Wunderschöne ist, dass die Natur uns vorgibt, was Sache ist."

Mit ihren Zulieferern stehen sie in engem Kontakt und über die Jahre haben sich echte Freundschaften entwickelt. Ihre Marillen holen sie sogar persönlich vor Ort ab. „In jedem Glas steckt eine Geschichte. Bei den Marillen seh' ich die Donau, bei den Orangen erinnere ich mich an Spanien", träumt Frau Gold. Und diese Herzlichkeit spürt man auch in dem kleinen Café, wo jeder servierte Teller individuell mit Blumen dekoriert wird. Das Allerwichtigste ist ihnen, sich Zeit zu nehmen: für ihr Produkt, für den Genuss und für ihre Gäste.

Selbermachen

PFIRSICH-MARACUJA-MARMELADE

Pfirsiche schälen, entkernen und kleinschneiden. Maracujas halbieren und das Fruchtfleisch auslöffeln. Zusammen mit den Pfirsichen in einen Topf geben.

Die Zitrone auspressen und den Saft zu den Früchten geben. Den Zucker und das Gelierpulver unterrühren und 5 Minuten sprudelnd kochen und anschließend pürieren.

In heiß ausgespülte Gläser füllen, diese verschließen und für mindestens 10 Minuten auf den Kopf stellen.

Die fertige Marmelade ist rund ein Jahr haltbar.

ZUTATEN

800 g Pfirsiche
200 g Maracujas
350 g Zucker
1 Päckchen Gelierpulver 3:1
1/2 Zitrone

VER-EDELT FRUCHTAUFSTRICHE GBR / Herwartstraße 3 / 89551 Königsbronn / Tel. 0170-8128055 / www.ver-edelt.de

Café und Kaffeerösterei

SCHWARZ COFFEE SHOP

HEIDENHEIM AN DER BRENZ

In der schönen Innenstadt von Heidenheim liegt in der Hinteren Gasse 16 der Schwarz Coffee Shop, den Ferdinand Hajduk gemeinsam mit seiner Frau Karin 2001 übernahm, nachdem er dort viele Jahre Stammgast gewesen war und genau hier seine Begeisterung für Kaffee entwickelt hatte. Doch der Schwarz Coffee Shop ist nicht einfach nur ein besonders liebevoll eingerichtetes Café, er ist auch und vor allem eine Kaffeerösterei.

Es gibt unzählige Cafés, Bäckereien und Bistros, in denen täglich Kaffee getrunken wird. Meistens gibt es vielerlei Sorten Backwaren und eben auch etwas Kaffee. Im Schwarz Coffee Shop gibt es auch Gebäck, aber vor allem viele Sorten selbst gerösteten und gemischten Kaffee. Es ist ein Café für Kaffeeliebhaber und solche, die es werden wollen. „Die meisten Leute sind Stammkunden", erzählt Herr Hajduk.

Stammkunden, die die gleiche Leidenschaft teilen wie er. Es gibt hier keine Massenware, nur ausgewählte, sortenreine Kaffees und selbst kreierte Mischungen. „Wir möchten uns vom Mainstream durch Qualität abheben und zeigen, wie vielseitig Kaffee sein kann. In Deutschland wird mehr Kaffee getrunken als Wasser oder Bier, aber die Leute haben keine Wertschätzung dafür", bedauert er. So gesehen leisten ihr Team und ihre ganze Familie, die tatkräftig im Geschäft und in der Rösterei mitarbeitet, gewissermaßen Aufklärungsarbeit für den bewussteren Genuss, indem sie interessierte Kunden an ihrem Wissen über Herkunft, Bodenbeschaffenheit der Anbaugebiete, Herstellung, Röstverfahren, Zubereitungsarten und deren Auswirkungen auf Geschmack und Bekömmlichkeit teilhaben lassen.

„WIR VERSUCHEN, EINE OASE DER ENTSPANNUNG ZU SEIN."

„Wir sind ein Fachgeschäft für Kaffee", betont Herr Hajduk und jeder, der eine Frage zum Thema Kaffee hat, der bekommt von den hervorragend informierten und kompetenten Mitarbeitern in und um Familie Hajduk sicher eine Antwort. Wussten Sie etwa, dass man den Kaffeefilter vor dem Kaffeekochen anfeuchten sollte, weil sonst die Geschmacksträger, die Öle der Bohne, im Filter hängen bleiben?

Im Laden gibt es unter anderem auch handgeschöpfte Schokolade, Tees, dänisches Geschirr und Zubehör für die Kaffeezubereitung. Das Hauptaugenmerk aber liegt auf dem köstlichen Aromaprodukt, das man auch über den Online-Shop beziehen kann. Herrn Hajduks Kaffee-Blends tragen die Namen von Reisenden wie Marco Polo, Hannibal oder James Cook, denn jeder dieser Kaffees hat einen langen Weg und eine Geschichte hinter sich, bevor er in unsere Tassen kommt. So auch Hajduks Projektkaffees, die nicht über Händler, sondern direkt von Kaffeebauern eingekauft werden, zum Beispiel in Lampocoy, Guatemala.

Mit diesen Einnahmen werden zusätzlich direkt soziale Projekte vor Ort unterstützt. Für einige der eigenen Mischungen gab es auch schon Auszeichnungen von Feinkostzeitschriften. Das liegt unter anderem an dem schonenden Langzeit-Trommelröstverfahren, bei dem der Kaffee viel Zeit bekommt, sein ganzes Aroma zu entfalten. Coffee-to-Go wird zwar auch angeboten, aber da die Hajduks nicht nur die Kaffeesorten, sondern auch die Hintergrundmusik sorgfältig auswählen, um jede Tasse zu einem besonderen Erlebnis zu machen, sollte man sich vielleicht lieber einmal ganz in Ruhe darauf einlassen.

MOKKA RICHTIG ZUBEREITEN

Filterkaffee, Espresso, Cappuccino, Latte Macchiato – das kennt man. Das bestellen die meisten, zumindest hierzulande. Andere Länder, andere Sitten, andere Kaffeekultur. Und weil der Schwarz Coffee Shop in Heidenheim ein echtes Kaffee-Fachgeschäft ist, kennt man hier natürlich auch andere Zubereitungsarten, beispielsweise die des Arabischen Mokkas. „Diese Variante besteht bei uns aus sehr fein gemahlenen, äthiopischen Mokkas – gewürzt mit Kardamom, Zimt und Nelken. Dazu reichen wir einen unraffinierten Rohrzucker aus Mauritius", erklärt Ferdinand Hajduk.

Zubereitet wird der Mokka in einem Kupferkännchen, Ibrik genannt.
Gebraucht werden 60 bis 80 ml Wasser sowie 7 bis 9 g feinster Mokka

Nachdem das Mokkamehl ins Kännchen gegeben wurde, wird das Wasser aufgegossen.

Sachkunde

Das Gemisch nun erhitzen, bis sich eine Schaumkrone bildet. Dieser Schaum wird in die Tasse gegossen. Das Hochschäumen und Abgießen wird noch zwei weitere Male wiederholt. Traditionellerweise wird Mokka übrigens nicht auf einem Elektroherd, sondern direkt auf heißer Glut zubereitet.

Der fertige Sud wird in die Tasse gegossen – inklusive Kaffeepulver versteht sich. Am besten kurz stehen lassen, damit sich der Kaffeesatz besser bilden kann.

SCHWARZ COFFEE SHOP GMBH / Hintere Gasse 16 / 89522 Heidenheim
Tel. 07321-315666 / www.schwarz-coffeeshop.de

Kaffee, Kuchen und hausgemachtes Eis

WANNERS EIS-CAFÉ

BÜHLERTANN

Das Eis-Café Wanner liegt am Rande von Bühlertann, ganz idyllisch inmitten von Wiesen, Feldern und einem angrenzenden Bauernhof. Das kleine Café bietet an Sonn- und Feiertagen drinnen Platz für 60 Personen und öffnet im Sommer bei schönem Wetter auch die Eisterrasse. Neben Kaffee und Kuchen gibt es vor allem die Spezialität des Hauses: hausgemachtes Bauernhof-Eis. Mit seinem extra angelegten privaten Spielplatz mit Schaukel, Trampolin und einigen Go-Karts, für Kinder sicher ohne Durchgangsverkehr am Ende einer Zufahrtsstraße gelegen, ist das Café das perfekte Ausflugsziel für die ganze Familie.

Als 2002 die Milchpreise in den Keller gesunken waren, überlegten sich Wolfgang und Birgit Wanner, wie sie mehr aus ihrer Milchwirtschaft machen konnten. Als sie von dem holländischen Franchise-Konzept Bauernhof-Eis erfuhren, das ausdrücklich auf natürliche Zutaten ohne Zugabe von Aromen, Farb- und Konservierungsstoffen oder künstliche Bindemittel setzt, war die Entscheidung schnell gefallen.

Zuerst war die Idee, das Eis in erster Linie ab Hof für zu Hause zu verkaufen und für die Gastronomie herzustellen. Doch mit den ersten Ausflugsbussen entstand Platzmangel, also rüsteten die Wanners auf und richteten das Café ein. Alles lief bestens, bis 2011 Wolfgang Wanner plötzlich verstarb. Birgit musste die Landwirtschaft aufgeben, das Café und die Eisherstellung aber führte sie mit der Unterstützung ihrer beiden Töchter Lisa und Anja und ihrem Sohn Jonas alleine weiter. Daher ist das Café auch nur an Sonn- und Feiertagen von März bis November geöffnet.
Bis heute verwendet Birgit Wanner ausschließlich Milch aus der Region, Sahne, Eigelb und Zucker für das Milcheis, für ihre Sorbets nur frische Früchte, Zucker und Wasser. Die bis zu 50 Sorten, die übers Jahr teilweise saisonbedingt wechseln, entstehen ausschließlich durch Zugabe frischer Zutaten.

„ES IST SCHÖN, ETWAS BODENSTÄNDIGES HERZUSTELLEN UND KONTAKT MIT DEN LEUTEN AUS DER REGION ZU HABEN."

Neben dem festen Sortiment mit Klassikern wie Vanille, Schokolade, Haselnuss oder Pistazie kreiert Frau Wanner auch ganz besondere Sorten je nach Jahreszeit, wie etwa Rhabarber-Ingwer-Sorbet, Zwetschgensorbet oder im Winter Spekulatius und Apfel-Zimt.

Für besondere Anlässe kann man sich außerdem auch mal eine individuell gestaltete Eistorte herstellen lassen. Birgit Wanners eigene Lieblingssorte ist Erdbeer und wenn sie von ihrem Eis schwärmt, dann ist das frei von Werbung oder Eigenlob. Ihr Gesichtsausdruck verrät, dass sie deshalb so überzeugt von ihrem Produkt ist, weil es ihr selbst einfach richtig gut schmeckt und „nichts drin ist, was man nicht drin haben will." Daher ist das Eis auch für Allergiker geeignet, weil eben nur das enthalten ist, was die jeweilige Sorte verspricht.

Das Eis ist frisch aus dem Eisschrank etwas fester als Eis aus dem Supermarkt. Das hat einen ganz einfachen Grund: Es wird nicht mit Luft aufgeschäumt, um die Packung voller zu machen. Dafür ist es aber bei der richtigen Temperatur von -12 bis -14°C besonders cremig und ergiebig, da es auch angetaut nicht in sich zusammenfällt. Das wissen auch die Gäste zu schätzen, die inzwischen sogar aus Ulm, Heilbronn und Stuttgart anreisen, um sowohl das wunderbare Eis als auch die familiäre und ehrliche Atmosphäre im Café zu genießen. Und genau das ist es auch, was Birgit Wanner in ihrer Entscheidung bestätigt, Jahr für Jahr nur im Winter Urlaub machen zu können.

Selbermachen

SANFTER ENGEL

ZUTATEN:
ORANGENSAFT
1-2 KUGELN VANILLEEIS
SAHNE, GESCHLAGEN

IN EIN SCHÖNES, HOHES GLAS BIS ZUR HÄLFTE
ORANGENSAFT EINSCHENKEN. DAS EIS DAZUGEBEN
UND MIT EINER SAHNEHAUBE VERZIEREN.
DIESE VARIANTE IST AUCH FÜR KINDER BESTENS
GEEIGNET.

NACH BELIEBEN KÖNNEN NOCH
2 CL EIERLIKÖR HINZUGEFÜGT WERDEN.

MIT STROHHALM SERVIEREN.

WANNER EIS GBR / Hag 2 / 74424 Bühlertann / Tel. 07973-5740 / www.wanner-eis.de

Ofenfrisches und Eventgastronomie

HOFCAFÉ MANGOLD

SCHWÄBISCH GMÜND-HERDTLINSWEILER

Kommt da noch was? Eine berechtigte Frage auf dem Weg zum Hofcafé der Familie Mangold. Die Straße wird immer schmaler. Kommt einem ein Traktor entgegen, was durchaus passieren kann, dann muss man sich irgendwie aneinander vorbei schlängeln. Geht aber alles. Und ja, da kommt noch was! Das 80-Seelen-Dorf Herdtlinsweiler. Für viele mag es unvorstellbar sein, in einem solchen „Kaff" auf dem Land zu wohnen. Für Harald Mangold käme nichts anderes infrage: „Einfach ein Feuer machen im Garten, das Auto offen stehen lassen, mit den Nachbarn gemütlich ein Bier trinken, sich gegenseitig unter die Arme greifen – die Lebendigkeit des Dorflebens, die ich in meiner Kindheit und Jugend erlebt habe, hat mich wirklich geprägt. Deshalb wollte ich nicht gehen. Wollte nicht zuschauen, wie der Hof meiner Eltern zerfällt." Hat er auch nicht. Gemeinsam mit Ehefrau Conny verwandelte er den einst landwirtschaftlichen Betrieb in ein Hofcafé mit integrierter Holzbackofenstube und sorgt so für noch mehr Leben im Dorf.

Mit einem Landwirtschafts- und Agrarmarketing-Studium in der Tasche und Baby im Bauch stürzten sich die beiden in dieses Projekt. „Ich habe zwar noch den Bäckermeister gemacht, im Prinzip waren wir aber völlige Quereinsteiger", erzählt Harald von den Anfängen. Ein Hindernis sei das nicht gewesen. „Ich glaube, das sorgt eher dafür, dass man einfach mal macht und ausprobiert", sagt er.

Da sich seine Eltern seit den 70er Jahren bereits im Nebenerwerb dem Brotbacken gewidmet hatten, war zumindest schon bekannt, dass es bei den Mangolds leckere Brote gibt. Gebacken wird nach wie vor nach alten Familienrezepten. Bauern-, Dinkel-, Emerbrot und Ciabatta. Kuchen, Torten und Plundergebäck machen das Angebot komplett. Immer mittwochs gibt's außerdem verschiedene Fladen. Das Hofcafé hat sich inzwischen von der gemütlichen Vesperstube zur ausgewachsenen Eventgastronomie entwickelt. „Das war so gar nicht geplant. Den Gästen hat das Ambiente aber scheinbar so gut gefallen, dass immer mehr Anfragen für Geburtstage, Hochzeiten und andere Feste bei uns eingegangen sind", berichtet Conny.

„EINEN HOLZBACKOFEN ZU BEDIENEN, IST EIN ECHTES KUNSTHANDWERK."

Gemeinsam mit Küchenmeister Markus Müller tüftelt sie maßgeschneiderte Menüs aus. Mal schwäbisch-urig, mal bayerisch, mal mediterran. Und auch die Deko müsse einfach zu den Leuten passen. „Conny bringt da immer viel Herz mit rein. Sie steht dann im Milchkämmerle und überlegt, welche Blumen am besten passen, probiert dies und das", schildert Harald.

Während Conny sich ums Café kümmert, ist Haralds Reich die Backstube, die er sich mit dem Mann fürs Süße, Bäckermeister Frank Messerschmidt, teilt. „Die Kunst besteht darin, die richtige Temperatur zu finden", weiß Harald. Nach Reglern sucht man an einem Holzbackofen nämlich vergeblich. „Da zählen Erfahrungswerte, man muss aufmerksam sein und ein gutes Gespür haben – dafür bete ich jeden Morgen. Und wenn ich dann ein gutes Brot aus dem Ofen hole, dann freut mich das heute noch genauso wie vor 15 Jahren", schmunzelt der Chef.

Gutes Brot, das hat für Harald außen eine Kruste, ist innen trotzdem saftig und schmeckt auch noch nach ein paar Tagen richtig gut. „Geschmack ist kein objektiver Wert, klar. Haltbarkeit schon, allerdings ist die heute leider nicht mehr so viel wert", bedauert er. Seine Brote sind es trotzdem und zwar ganz ohne chemische Zusatzstoffe: „Das liegt am speziellen Klima im Ofen", verrät Harald abschließend.

Exkurs

JAGD UNTERM BERNHARDUS

Früh am Morgen, wenn die Sonne langsam über den Bernhardus, den Hausberg, klettert, werden im Hofcafé in Herdtlinsweiler schon längst leckere Brote gebacken. Unterm Bernhardus befeuert Harald Mangold aber nicht nur seinen Ofen – hier geht er auch jagen mit seinen Jagdfreunden.

Rund 1.000 Hektar groß ist die gemeinschaftlich bewirtschaftete Jagdfläche, die einen idealen Lebensraum für Schwarzwild und Rehwild bietet. Zur Jagdsaison wird auch im Hofcafé regelmäßig Wild angeboten. Und da wird dann der Holzbackofen nicht nur zum Brotbacken genutzt, sondern auch für die Zubereitung der Wildspezialitäten. Wer möchte, kann aber auch jagdfrisches, küchenfertig zerlegtes und vakuumiertes Fleisch kaufen und sich selbst zu Hause in der Wild-Zubereitung üben.

Verfügbarkeit und Preise sind bei Tobias Staudenmaier zu erfragen: Tel. 07171-8077892

„DIE JAGD, WIE WIR SIE VERSTEHEN, IST EINE ÜBEREINKUNFT MIT DER NATUR UND IHREN GESCHÖPFEN. ZU JAGEN BEDEUTET FÜR UNS EINZUTAUCHEN IN DEN LEBENSRAUM DES WILDES, IM BEWUSSTSEIN, DASS AUCH WIR NUR TEIL DIESER SCHÖPFUNG SIND."

NATÜRLICH / NACHHALTIG / FETTARM
REICH AN EIWEISS UND MINERALSTOFFEN
KÜRZESTE TRANSPORTWEGE
BLEIFREIE MUNITION

UNSER TÄGLICH BROT GMBH / Ofengasse 1 / 73529 Herdtlinsweiler / Tel. 07171-89199 / www.hofcafe-mangold.de

Bestes aus alten Obstsorten

MANUFAKTUR JÖRG GEIGER

SCHLAT

In den alten Obst- und Birnensorten der Schwäbischen Alb steckt ungeahntes Potential. Leider ist dieses Potential nahezu vergessen. Ein Grund, warum zum Beispiel Bohnapfel oder Champagner Bratbirne immer mehr vernachlässigt werden, bedauerlicherweise ungenutzt bleiben und zunehmend von ertragreichen, gezüchteten Tafelobstsorten verdrängt werden. Dabei hat die Herstellung von Destillaten oder Schaumweinen aus diesen alten Sorten eine lange Tradition. Jörg Geiger hat mit seiner Manufaktur diese Techniken der Verarbeitung wiederentdeckt und neue Verfahren entwickelt, um die besonderen Geschmacksnoten der alten Streuobstsorten zu voller Geltung zu bringen.

Schon als Kind, als sein Vater die Birnen einiger Stuttgarter Gaishirtle, die ihm von einer Tante überlassen worden waren, destillierte, war es Jörg Geigers Traum, etwas Besonderes aus dieser und anderen alten Obstsorten herzustellen. Nachdem der gelernte Koch den schon seit dem 17. Jahrhundert in Familienhand geführten Gasthof Lamm in Schlat und die angeschlossene Brennerei übernommen hatte, produzierte er dann seinen ersten Schaumwein aus Champagner Bratbirne.

Das Experiment war geglückt und der Ehrgeiz geweckt, aus Birnen und Äpfeln weitere Schaumweine und andere hochwertige Getränke zu kreieren. Viele Rezepturen und Produktideen später läuft die Manufaktur seit 2007 nicht mehr nur neben dem Restaurant, sondern als eigenständiges Hauptgeschäft. Zusammen mit Slow Food Deutschland ist Jörg Geiger außerdem einer der Mitbegründer von WiesenObst e.V., der sich der Erhaltung dieser besonderen Agrikulturform Streuobstwiese widmet und die Sicherung des Begriffes Schwäbisches Wiesenobst gewährleisten will, der sich auf eine ganz bestimmte Anbauweise bezieht. Dazu gehört auch, dass man den Bäumen bis zu 20 Jahre Zeit gibt, sich voll zu entfalten, bevor man die Ernte angeht.

„MAN DARF NICHT NUR DIE ASCHE BEWAHREN, MAN MUSS DAS FEUER AM BRENNEN HALTEN."

Diese alten Bäume können erst dann ihre volle Energie in die Früchte geben. Die tiefe Verwurzelung ermöglicht zudem die Aufnahme vieler Nährstoffe, was aus den sortenbedingt kleineren Früchten richtige Aromapakete macht. Etwa 750 Landwirte und Gütlebesitzer liefern die Früchte aus Beständen mit alten Bäumen, die genau die Bedingungen haben, die Jörg Geiger für seine Produkte braucht. Durch geeignete Verfahren, Fruchtkombinationen und Hinzugabe von verschiedenen Kräutern entwickelt die Manufaktur immer neue Kreationen, die für sich selbst, aber auch als Begleiter zum Essen überzeugen.

Und diese Kreationen reichen von Schaumwein, klassischem Cider und Poirée, also Süßweinen, die im Portweinverfahren hergestellt werden, über Destillate und den ganz neuen Apfelbrand mit feiner Wachholdernote „AG: Don't call me Gin" bis hin zu den eigens entwickelten alkoholfreien Alternativen zu Sekt und Champagner, den PriSeccos. Wer sich selbst davon überzeugen möchte, der kann dies bei einem Besuch in Geigers Gasthof Lamm tun, wo es neben dem normalen Restaurantbetrieb auch Menüabende mit Sommelierbegleitung gibt. Wer es noch genauer wissen möchte, dem seien die Führungen durch die Manufaktur mit anschließender Verkostung oder auch ein iPad-Rundgang durch die Obstgärten empfohlen.

Informationen zu Veranstaltungen, Terminen, Buchungen und natürlich auch zu allen Produkten findet man auf der Homepage. Alleine beim dortigen Herumstöbern lassen sich schon online Geigers oberste Prioritäten erahnen: Perfektion, Leidenschaft und ganz besonders das Zusammenspiel von Tradition und Innovation.

Selbermachen

MIX IT

3 EISWÜRFEL INS GLAS GEBEN.

DON'T CALL ME GIN UND
PRISECCO CUVÉE NR. 23
MIT RHABARBER, APFEL UND BLÜTEN
GLEICHZEITIG EINSCHENKEN,
BIS DAS GLAS VOLL IST.

DA DIE DURCHMESSER DER
FLASCHENÖFFNUNGEN ZUEINANDER PASSEN,
ERGIBT DAS DIE PERFEKTE MISCHUNG.

NACH BELIEBEN MIT ZITRONENVERBENE
ODER MINZE GARNIEREN.

MANUFAKTUR JÖRG GEIGER GMBH / Eschenbacher Straße 1B / 73114 Schlat bei Göppingen
Tel. 07161-9990224 / www.manufaktur-joerg-geiger.de

Senf und Saucen

REMSTALER SENFMANUFAKTUR

SCHORNDORF-PLÜDERHAUSEN

Brigitte und Kai Schärtels Philosophie ist einfach: „Nur aus besten Zutaten können hochwertige Produkte entstehen." Durch ihre Liebe zur Natur und zur Heimat, dem schönen Remstal, sind sie immer darauf bedacht, ihre Rohstoffe möglichst aus der Region zu beziehen. Das gelingt nicht immer, denn so manche Senfkreation überrascht mit Mango oder exotischen Gewürzen, deren Anbaugebiete klimabedingt deutlich südlich der Ostalb liegen. Aber natürlich kommt der Wein für den Rieslingsenf aus dem Remstal und künstliche Zusatzstoffe, Geschmacksverstärker oder Bindemittel sucht man vergebens in den Senfkreationen.

Das Abenteuer Senfherstellung begann für die Schärtels 2004, als der damalige Hobbykoch Kai Schärtel einen besonderen Senf für ein Fischgericht benötigte, aber nirgendwo auftreiben konnte. „Die Senfkultur war in Deutschland damals noch nicht so fortgeschritten, wie sie es heute ist", erzählt Brigitte Schärtel. Aus der Not entstanden kurzerhand die ersten eigenen Senfkreationen. „Sämtliche Freunde und Verwandte mussten probieren."

Das kam so gut an, dass aus dem Hobby nach nur einem halben Jahr ein Geschäft wurde. Aus anfänglich acht Sorten wurden zeitweise über 30; heute pendelt sich das Sortiment auf etwa 20 ein. Die Erfahrung hat gelehrt: Es ist wichtig, dabei auch immer wieder auf Trends zu reagieren. Trotzdem gilt für alle Mischungen: Hier wird nicht einfach nur Industriesenf aromatisiert. Jeder Senf hat seine eigene Originalrezeptur. An manchen Variationen feilt Kai Schärtel bis zu drei Monate. Wichtig ist dem Ehepaar dabei die Teamarbeit. Jeder Senf wird von einem zehnköpfigen Team abgesegnet.

„DIE BEGEISTERUNG UND BESTÄTIGUNG UNSERER KUNDEN MACHT EINFACH FREUDE UND DIE WOLLEN WIR ZURÜCKGEBEN."

Oft, so Kai Schärtel, komme dadurch auch der letzte Schliff in ein Produkt, weil „jemand auf eine Zutat kommt, an die man selbst nie gedacht hätte." Die Neugierde auf neue Geschmacksexperimente führte bereits zu mehreren Prämierungen durch die DLG, außerdem zu einer Kooperation mit dem Verein Staufersaga in Schwäbisch Gmünd, die den original Staufersenf nach mittelalterlicher Rezeptur zur Folge hatte. Die Faszination für Senf ist bei den Schärtels in jedem Wort spürbar und diese Begeisterung geben sie weiter an ihre Kunden. Nicht nur durch ihre Produkte, sondern auch in Senfseminaren. Diese geben sie in ihrem Ladengeschäft, der Genussmanufaktur in Schorndorf.

Hier kann man alles über die Geschichte des Senfs, Herkunft, Anbau und Verarbeitung erfahren. Mittlerweile stellt die Senfmanufaktur auch Saucen, Gewürzmischungen oder besondere Balsamicocremes in unterschiedlichen Geschmacksrichtungen her.

Kai Schärtel hat es neuerdings besonders die Tüftelei an ordentlich scharfen, aber trotzdem geschmackvollen Chilisaucen angetan. Die Quelle seiner Motivation zum immer neuen Experimentieren: die stets positiven Rückmeldungen der Kunden!

WELCHE SENFSPEZIALITÄT PASST WOZU?

01 FEIGENSENF

- fruchtig-mild
- der Klassiker zu Käse
- unbedingt auch mal zu Geflügel oder zum Abschmecken einer Salatsauce probieren

02 BALSAMICOSENF MIT KIRSCHEN

- fruchtig-mild
- zu Käse, Wildgerichten

03 BALSAMICOSENF MIT HONIG

- süß-scharf
- schwäbische Antwort auf den bayerischen Weißwurst-Senf
- bestens für Salatdressings geeignet

04 KIRSCHPAPRIKA-SENF

- fruchtig-scharf
- zu Fleisch, Geflügel, Fisch, Wurst, Käse, als Dipp zu Gemüse
- zum Würzen von Suppen und Saucen

05 MANGO-CURRY-SENF

- mild-fruchtig
- zu Geflügel, Gegrilltem
- rundet asiatische Gerichte ab
- macht aus badischem Schäufele und gekochtem Schinken etwas ganz Besonderes

Sachkunde

06 GROBKORNSENF

• mild, mit ganzen Körnern
• perfekt für Salatdressings
• auch pur ein Genuss
• kombiniert mit Crème Fraîche, Salz und Pfeffer ein leckerer Brotaufstrich oder Dip für Rohkost

07 KRÄUTERSENF DER PROVENCE

• mild
• für Salatdressings
• zum Grillen

08 CHILISENF

• sehr scharf
• zu Fleisch, besonders Grillfleisch und Wurst
• oder einfach mal das Chili con Carne damit abschmecken

09 DIAVOLO

• scharf
• pur oder zu Gegrilltem ein Genuss
• passt zu Wurst und Käse, verfeinert aber auch Salate, Dips und Saucen

10 MOUTARD NOIRE

• sehr scharf
• perfekt zur Wurst, zum Fleisch oder einfach nur zum Vesper

RSM - REMSTALER SENFMANUFAKTUR / Lessingweg 6 / 73655 Plüderhausen / Tel. 07181-8849427 / www.remstalsenf.de

Biologisch-dynamischer Gemüseanbau

DEMETER-GÄRTNEREI WIEDMANN

MÖGGLINGEN

Bio ist heutzutage in aller Munde und bei Thomas und Heinrich Wiedmann auch auf den Feldern und im Gewächshaus ein Muss. Thomas ist Gärtnermeister, Heinrich ist für die Technik zuständig und hält die Maschinen am Laufen. Die Wiedmanns sind überzeugte Biogärtner, auch wenn das nicht immer einfach ist. Denn Bio ist nicht gleich Bio und die Auflagen eines Demeter-Betriebes sind bekanntlich sogar deutlich anspruchsvoller als die EU-Richtlinien für ein Bio-Siegel.

Schon die Großeltern Norbert und Pauline Wiedmann stiegen 1949 neben ihrer Landwirtschaft mit der Anzucht von Setzlingen und Blumen in die Gärtnerei ein. Sohn Heinz Wiedmann und seine Frau Maria bauten den Gärtnerbetrieb aus und bezogen 1965 die ersten großen Gewächshäuser mit modernen Anlangen am heutigen Standort an der Lauter.

1974 stellten sie auf biologisch-dynamische Landwirtschaft um und waren damit die erste Demeter-Gärtnerei in der gesamten Ostalbregion. Heute betreiben die Brüder Thomas und Heiner Wiedmann mit über 50 saisonalen Gemüsearten den größten Bio-Anbau um Aalen. Ihr reichhaltiges Angebot ist auf dem Wochenmarkt in Aalen und im Hofladen in Mögglingen erhältlich.

Neben knackig-nussigem Ackersalat und aromatischen Zucchini bieten die Wiedmanns auch heimische, aber im Handel selten gewordene Salate und Gemüse wie zum Beispiel Zuckerhutsalat oder Winterpostelein an. Der Demeter-Verband ist nicht nur der älteste Bioverband Deutschlands – diese Form der Landbewirtschaftung gilt außerdem nach wie vor als die nachhaltigste. Das liegt vor allem daran, dass die Pioniere der Bio-Branche Landwirtschaft seit jeher als lebendige Kreislaufwirtschaft betreiben. Zentrale Anliegen sind deshalb der Erhalt der Lebendigkeit des Bodens und die Sicherung der Kulturlandschaft.

„ALLES IST MIT LEBEN ERFÜLLT, WEIL MAN IMMER ETWAS WACHSEN SIEHT. DABEI HAT JEDE SAISON ANDERE FACETTEN."

„Bei Demeter soll alles so natürlich wachsen wie irgendwie möglich", erklärt Thomas Wiedmann und ergänzt: „Um ein gesundes und wertvolles Lebensmittel zu erzeugen." Um das zu gewährleisten, kauft er auch keine Jungpflanzen, sondern zieht seine robusten Pflanzen von der Saat ab selbst auf. Der Verzicht auf chemische Dünger oder Pflanzenschutzmittel, die für den Boden besonders gesunde Gründüngung sowie der aufwendig eigens hergestellte Kompost und die richtige Fruchtfolge sorgen dafür, dass das Gemüse besonders wertvoll und frei von Schadstoffen ist. Nicht zuletzt reifen hier die Früchte länger als herkömmliches Gemüse aus dem Supermarkt. „Das ist zwar nicht wirtschaftlich, schmeckt aber besser und ist bekömmlicher", ist Thomas überzeugt. Besonders die Tomaten der Gärtnerei Wiedmann erhalten dadurch einen überaus intensiven Geschmack.

So viel Charakter kann nur entstehen, wenn das aus gutem Grund auch Paradeiser genannte Sommerfruchtgemüse wirklich im Sommer gereift ist. Wer auf den fruchtigen Tomaten-Geschmack auch im Winter nicht verzichten möchte, sollte einfach im August gleich ein paar Kilo Tomaten kaufen und sich ans Einkochen machen. Wenn Thomas Wiedmann mit leuchtenden Augen von seinem Gemüse schwärmt, dann merkt man einfach, dass er Demeter-Gärtner aus Überzeugung ist. Geschmack und Qualität seiner Produkte haben längst auch die vielen Stammkunden überzeugt.

55

REZEPT FÜR TOMATENSAUCE

ZUTATEN

reicht für etwa 5 Gläser
à 290 ml Inhalt

1 kg reife Tomaten
100 g Zwiebeln
2 Knoblauchzehen
80 g Staudensellerie
1 kleine Chilischote
3 EL Olivenöl
25 g Tomatenmark
1 TL Zucker
1 Lorbeerblatt
2 Zweige Thymian
Salz, Pfeffer aus der Mühle
200 ml Rotwein

Selbermachen

1

Die Tomaten in kochendem Wasser kurz blanchieren, kalt abschrecken und häuten.

Die Früchte halbieren, die Stielansätze entfernen und alles in kleine Würfel schneiden. Wer möchte, kann zuvor die Samen herauslösen, durch ein feines Sieb passieren und den Saft auffangen.

Die Zwiebeln und Knoblauchzehen pellen und fein würfeln. Die Staudensellerie putzen, eventuell vorhandene Fäden abziehen, die Stangen fein würfeln. Die Chilischote längs halbieren, Stielansatz, Samen und Trennwände entfernen und die Hälften fein hacken.

Das Olivenöl in einem Topf erhitzen. Zwiebel-, Knoblauch-, Sellerie- und Chiliwürfel darin anschwitzen.

2

3

Das Tomatenmark unterrühren und mit andünsten. Zucker, Lorbeerblatt, Thymian, Salz und Pfeffer zufügen. Mit dem Rotwein und dem Tomatensaft ablöschen. Alles einmal aufkochen, dann die Hitze reduzieren und die Sauce 30 Minuten köcheln lassen. Lorbeerblatt entfernen und nochmals abschmecken.

Die Sauce in vorbereitete Einkochgläser bis zwei Zentimeter unter den Rand füllen, diese mit Einkochring, Glasdeckel und Einweck-Klammern verschließen. 90 Minuten im 100°C-heißen Wasserbad einkochen.

DEMETER-GÄRTNEREI WIEDMANN / Lauterstraße 109 / 73563 Mögglingen
Tel. 07174-803524 / www.demeter-wiedmann.de

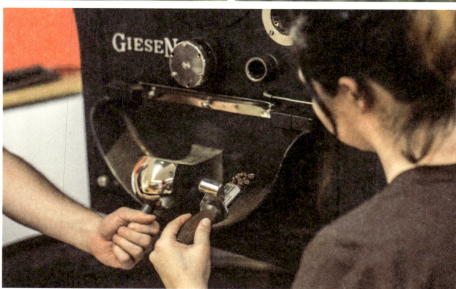

Bio-Kaffee und -Espresso

KAFFEERÖSTEREI EL MOLINILLO

WELZHEIM

Die Nase bemerkt den Duft zuerst – würzig, mit Röstaromen, eben sehr speziell. Wer diesen besonderen Geruch kennt, der weiß sofort: Hier wird Kaffee geröstet! Es lohnt sich, diesem Geruch zu folgen. Er leitet vorbei an roten Wegweisern mit goldenen Ländernamen: die Ursprungsländer des hier veredelten Bio-Kaffees. Indonesien, Papua Neuguinea, Honduras, Äthiopien, Brasilien. 20 Meter weiter steht man schon inmitten von Kaffeebohnen und geschäftigem Treiben, wird umhüllt von Wärme und ganz viel Aroma.

Durch ein kleines, rundes Fenster kann man einen Blick ins Innere des Trommelrösters werfen. Die blassgrünen Rohbohnen werden unter Hitzezufuhr zunächst gelb, bevor sie dann die typische braune Färbung annehmen.

Jetzt gilt es die Ohren zu spitzen! Ein leises Knacken gibt Aufschluss über den Röst-Status der Bohnen. Wenige Minuten später prasseln die Bohnen schon aus der Rösttrommel ins Kühlsieb. „Durch die schonende Trommelröstung erhält die Bohne ihren vollen, aromatischen Charakter. Zum Abkühlen verwenden wir kein Wasser, wie bei industriellen Röstern üblich, sondern ausschließlich Luft", erklärt Daniela Doberschütz, die sich um Marketing und Pressearbeit kümmert. Wir, das sind die Mitarbeiter der Christopherus Lebens- und Arbeitsgemeinschaft, die die Kaffeerösterei seit Juli 2010 als Werkstatt für behinderte Menschen betreibt. Aktuell arbeiten hier elf betreute Menschen. Sie kümmern sich ums Rösten, verlesen die gerösteten Bohnen, damit keine zu hellen oder zu dunklen Exemplare den Geschmack negativ beeinflussen, sie wiegen, mahlen und verpacken den Bio-Arabica-Kaffee und beraten zu geschmacklichen Feinheiten.

„HIER KANN MAN DEN KAFFEE-RÖSTERN ÜBER DIE SCHULTER SCHAUEN UND GENUSSMOMENTE ERLEBEN."

„Sozial von Anfang an", so lautet der Slogan der Kaffeerösterei el molinillo. „Der soziale Aspekt kommt nicht erst beim Veredlungsprozess in unserer integrativen Rösterei zum Tragen.

Wir kooperieren mit kleinen Betrieben, die ihre Plantagen in sorgfältiger Handarbeit bewirtschaften", beschreibt Daniela Doberschütz das Konzept und betont gleichzeitig: „Das Produkt muss überzeugen. Der soziale Mehrwert ist zusätzlich zum Geschmack dann das I-Tüpfelchen." Höchste Qualität erfordert den Einsatz hochwertiger Rohstoffe und deshalb landen in der Röstmaschine ausschließlich sortenreine, vollreif geerntete und handverlesene Rohbohnen in Bio-Qualität. „Kaffee ist hierzulande ein Alltagsprodukt, das leider größtenteils unter menschenverachtenden Bedingungen produziert wird.

Unser Kaffee bietet hierzu eine Alternative und ermöglicht es den Verbrauchern, aktiv Einfluss auf die Herstellungsbedingungen zu nehmen", so Doberschütz. Und er bietet Arbeitsplätze für Menschen mit Behinderung. Klingt nach einer guten Kaufentscheidung – einer mit Geschmack, was auch die vielen Auszeichnungen bei Verkostungswettbewerben bestätigen.

DER KAFFEE-GÜRTEL

Innerhalb eines gedachten Bandes rund um den Äquator – zwischen dem 23. Breitengrad nördlicher Breite sowie dem 25. Breitengrad südlicher Breite – liegen die Länder, in denen Kaffee aufgrund der besonderen feucht-trockenen klimatischen Verhältnisse hervorragend gedeiht. Aus fünf Ländern dieses so genannten Kaffeegürtels kommen die Rohbohnen in Bio-Qualität, die bei el molinillo veredelt werden: Indonesien, Papua Neuguinea, Honduras, Äthiopien, Brasilien.

Je nach Anbauhöhe, Varietät und vielen weiteren Einflussfaktoren gibt es deutliche Unterschiede, welche aromatischen Feinheiten die Bohnen ausbilden. Die erfahrenen Röster schaffen es, diese optimal zur Geltung zu bringen und sortenreine Arabica-Röstungen zu veredeln, deren Nuancen von sanfter Würze über feines Karamell-Aroma bis hin zu rassiger Intensität reichen.

Ein zweiter Standort der Rösterei ist übrigens zentral in der Welzheimer Pfarrstraße zu finden. Mit über 40 Wiederverkäufern in der Region ist die Rösterei vernetzt. Viele Firmen möchten auf die Bio-Röstungen nicht mehr verzichten. Der Kaffee ist auch online unter www.biokaffeemitsinn.de erhätlich.

DIE SORTEN:

HONDURAS
ACALIMA

Der Feine mit dem Karamell-Duft

In der fruchtbaren Hochlandregion Marcala wird dieser unverwechselbare Kaffee von der Landfrauenorganisation Acalima in sorgfältiger Handarbeit kultiviert.

BRASILIEN
SANTOS

Der Naturmilde, Geschmackvolle

Dieser ungewaschene Bio-Arabica-Kaffee stammt aus dem Land mit der weltweit größten Kaffee-Ernte: Brasilien.

Sachkunde

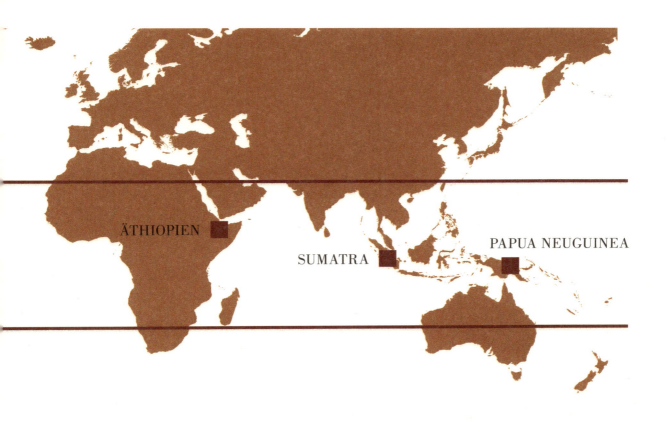

ÄTHIOPIEN
SIDAMO

Der Würzige mit sanfter Fruchtnote

Der Anbau dieser feinen Bio-Arabica-Bohne in wilden Natur-Plantagen ist für viele Bauern der Region Sidamo im Süden Äthiopiens die einzige Einnahmequelle.

SUMATRA
MANDHELING

Der Würzige mit zartem Süßholz-Duft

Dieser sortenreine Bio-Arabica-Kaffee stammt aus der fruchtbaren Provinz Zentral Aceh im Norden der Insel und wird an den steilen vulkanischen Berghängen angebaut.

PAPUA NEUGUINEA

Der Intensive, Ausgewogene

Ein kräftiger Bio-Arabica-Kaffee, der von Kleinbauern in 1.500 Metern Höhe im Whagi-Tal kultiviert wird.

KAFFEERÖSTEREI EL MOLINILLO / Laufenmühle 8 / 73642 Welzheim / Tel. 07182-800779 / www.eins-und-alles.de

ANDREAS B MANUFAKTUR

ADELBERG

Grillen wandelt sich. Aus dem traditionellen Überrösten von beliebigem, irgendwie gewürztem Grillgut auf mehr oder weniger guter Glut ist für viele inzwischen ein Outdoor-Cooking-Event geworden. Der Grill wird immer häufiger zur Kochstelle, die auch zum Braten, Smoken und sogar Backen genutzt wird. „Grillen ist auch etwas Geselliges," betont Andreas Borde. Für ihn hat das zelebrierte Essen und Trinken mit Freunden über einen längeren Zeitraum eine besondere Bedeutung. „Beim Essen entstehen Freundschaften. Hochwertige Lebensmittel sind da wichtig." Und genau hier kommen seine Saucen- und Gewürzkreationen ins Spiel.

Andreas Borde kocht, seitdem er acht Jahre alt war. Seine Grillleidenschaft hat er mit ungefähr 16 entwickelt. Schon immer war er fasziniert von guten Lebensmitteln und neugierig auf außergewöhnliche Produkte. Trotzdem studierte er zunächst Industriemechanik, danach Medieninformatik und machte einen Ausflug ins Versicherungswesen.

Wirklich zufrieden wurde er in keinem dieser Berufe. Bei einem Amerikaaufenthalt lernte er traditionelle, hausgemachte BBQ-Saucen und deren regionale Vielfalt kennen. Der kubanische Einfluss in Florida, der mexikanische in Texas, eher passend zu Rindfleisch, die jamaikanischen scharfen Varianten oder die süßlicheren aus dem Mittleren Westen, wo traditionell mehr Schweinefleisch gegrillt wird. Irgendwann begann er Saucen privat für sich selbst zu kochen und für Freunde, die ihn bald ermutigten, „das Zeug zu verkaufen". 2009 fiel schließlich der Entschluss, den Traum vom eigenen Unternehmen zu realisieren.

In der Tradition der hausgemachten amerikanischen Saucen wird auch bei Andreas Borde alles in Handarbeit gefertigt, mit ausgewählten Zutaten, ganz ohne Konservierungsstoffe oder Bindemittel. Seine Rezeptideen basieren meist auf traditionellen BBQ-Saucen oder Chutneys, bekommen aber immer eine eigene Andreas-B-Note.

„LIEBER WENIGER, ABER BESSER. WENN ICH ERST EIN CHEMIESTUDIUM BRAUCHE, UM DIE ZUTATENLISTE ZU VERSTEHEN, DANN WILL ICH'S GAR NICHT ESSEN."

Die besteht aus sorgfältig ausgewählten, eigens kreierten Gewürzmischungen und außergewöhnlichen Pfeffersorten, von denen er seit 2012 ebenfalls einige im Angebot hat. Und seine Produkte kommen an. Das merkt er auch bei seinen Showgrill-Events und Grillkursen, bei denen er den Teilnehmern je nach Thema verschiedene Grilltechniken für das perfekte Steak oder auch für vegetarische Gerichte mit auf den Weg gibt, Informationen und Tipps zu Aromen zur Verfügung stellt, über Aufzucht- und Garmethoden und deren Einfluss auf den Geschmack aufklärt. Dabei stellt er dann natürlich auch seine umfangreiche und vielfältige Produktpalette vor, die von fruchtigen Chutneys über pikante BBQ- und Chili-Saucen bis hin zu Gewürzmischungen und Trockenmarinaden, den sogenannten Rubs, reicht.

Alle Mischungen, ob als Gewürz oder Sauce, sind selbst kreiert und die Zutaten sorgfältig ausgewählt. Wenn möglich, bezieht er seine Zutaten aus der Region, wie etwa Rhabarber, Zwetschgen oder Marillen für seine Chutneys sowie die Zwiebeln, die zusammen mit Tomaten, Essig und Rohrohrzucker die Basis für die meisten seiner Saucen bilden. Durch langes Einkochen der Zutaten entstehen schließlich die dickflüssige Konsistenz und ein intensiver Geschmack. Borde verwendet nur frische Zutaten und keine Aromen oder Granulate, so dass man an der Textur und am Geschmack auch noch erkennen kann, was tatsächlich drin ist. Das ist sein Prinzip und seine Garantie, um sich von der industriell hergestellten Massenware mit undurchsichtigen Inhaltsstoffen abzugrenzen.

KALBSTAFELSPITZ AM STÜCK

reicht für ca. 6 Personen

1 Kalbstafelspitz am Stück
mit 1,2 kg
Salzflocken oder Fleur de Sel

Das Fleisch von Fett und Sehnen befreien. Den Grill für die so genannte 50/50-Methode vorbereiten. Den Tafelspitz zunächst bei voller Hitze grillen, bis er sich vom Rost löst und schön braun ist. Das dauert rund 3 Minuten pro Seite. Nun das Fleisch in den indirekten Bereich legen und dort bei einer Kerntemperatur von 58 bis 60°C garen. Vom Grill nehmen, 5 Minuten ruhen lassen. Vor dem Servieren in dünne Scheiben quer zur Fleischfaser aufschneiden und würzen.

„DIE 50/50-METHODE: NUR DEN HALBEN GRILL BEFEUERN! SO ENTSTEHT EIN BEREICH ZUM DIREKTEN UND EINER ZUM INDIREKTEN GRILLEN."

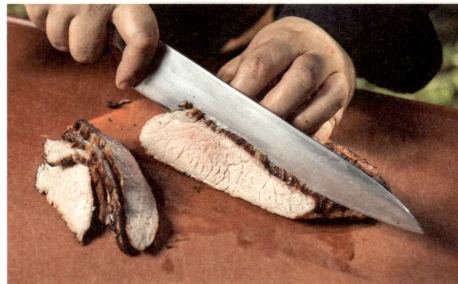

Selbermachen

GRILLEN À LA ANDREAS BORDE

RADIESCHEN-APFEL-SALAT MIT RADICCHIO UND SENF-VINAIGRETTE

1 Bund Radieschen
2 bis 3 Äpfel
1 bis 2 rote Zwiebeln
1/2 Kopf Radicchio
zwei Hände voll Kräuter
(Schnittlauch, Dill, Blattpetersilie)
1 EL grober Senf
1 EL Zitronensaft
2 EL Apfelessig
4 EL Olivenöl
1 EL Honig
Salz
Andreas B Manufaktur Tellicherry Pfeffer
geröstete Walnüsse

GRILLKARTOFFELN

festkochende, kleine Kartoffeln
(z.B. die Sorte Drillinge)
Andreas B Manufaktur Chicago Steak Powder
Olivenöl
Salzflocken

Kartoffeln gut waschen und am Tag vorher in leicht gesalzenem Wasser kochen, über Nacht auskühlen lassen und dann halbieren. Mit der Schnittfläche nach unten und etwas Öl anbraten. Wenn sie schön braun sind, wenden und würzen.

BBQ DIP

1 Becher Crème Fraîche
2 EL Andreas B Manufaktur Kentucky BBQ Sauce
Zitronensaft
Salz
Andreas B Manufaktur Tellicherry Pfeffer

Alles einfach verrühren!

Gemüse und Obst in feine Streifen schneiden. Kräuter hacken. Senf, Zitronensaft, Apfelessig und Olivenöl in einer Schüssel verrühren und mit Salz und Pfeffer würzen. Alle Zutaten gut vermengen und mit den gerösteten Walnüssen bestreuen.

ANDREAS B MANUFAKTUR / Schnurrstraße 31 / 73099 Adelberg / Tel. 07166-913001 / www.andreasbmanufaktur.de

MOSTEREI SEIZ

STRASSDORF

Denkt man an die vielen Streuobstwiesen der Schwäbischen Alb, so ist es nicht weiter verwunderlich, dass das „Moschten" in Württemberg eine lange Tradition hat. War Most früher das geschätzte Hausgetränk Nr. 1, so haftete ihm doch in jüngerer Zeit lange Jahre ein negatives Image an. In Straßdorf steuert die Familie Seiz mit ausgezeichneten und kreativen Saft- und Mostprodukten dagegen. Und wer im Herbst seine Äpfel zum Mosten und Verarbeiten bringt, bekommt wie eh und je nur den Saft vom eigenen Obst – gerne auch modern haltbar gemacht mit Bag-in-Box.

Mosten ist im Hause Seiz Familiensache. Schon Alexander Seiz' Vater führte eine Lohnmosterei in Waldstetten. Als die Reihe 1998 am Sohn war, den Laden zu übernehmen, war die Begeisterung zunächst eher bescheiden. „Der Bua hat in München studiert und wird jetzt Berater", erzählt Seiz über sich.

Der Vater verkaufte die Mostanlage und der Sohn begann seine Arbeit im Tourismus-Consulting. Gerade durch diesen Beruf und die Beschäftigung mit den Themen Regionalität und Traditionen kam schnell die Erkenntnis: „Ich kann nicht die ganze Zeit was über Traditionen erzählen und dann die Mosterei aufgeben." Kurzerhand wurde eine neue Mostanlage gekauft und das Geschäft wieder aufgenommen – als Lohnmosterei, in die man die eigene Ernte bringen kann, die mit dem traditionellen Packpressverfahren entsaftet, auf 80 Grad erhitzt und abgefüllt wird. Dabei bekommt der Begriff „Familientradition" eine erweiterte Bedeutung. Denn meist ist das Mosten nicht nur für Familie Seiz, sondern auch für die Kunden ein ganz besonderes Ereignis während der Saison von September bis November, wenn die ganze Familie bei der Ernte mit anpackt, gemeinsam das Obst zum Mosten bringt und die erste Verkostung in jedem Herbst zum kleinen Familienfest wird.

> „WIR WOLLEN DIE TYPISCHE LANDSCHAFT DER SCHWÄBISCHEN ALB INS GLAS BRINGEN."

An der positiven Stimmung dieser Most-Events kann man auch ohne eigenen Obstgarten teilhaben, zum Beispiel beim jährlichen Mostauftakt-Festle im September. Seit dem Umzug zum neuen Standort in Straßdorf 2014 bietet das Mostlädle genug Platz auch für etwas größere Veranstaltungen.

Außerdem kann man Betriebsbesichtigungen mit Spezialitätenverkostung buchen, von der „Kleinen Apfelversuchung" mit kleiner Führung und kommentierter Verkostung bis zum dreistündigen „Schwäbischen Mostabend" mit ausführlicher Information zum Herstellungsprozess, Sensorik-Schulung und umfassender Probe des immer umfangreicher werdenden eigenen Sortiments, denn seit 2002 entwickelt das Familienunternehmen auch eigene Produkte, Saftmischungen und besondere Dessertweine, Premium-Most oder den sogenannten „Mugo", einen Hugo aus Rosé-Most. Die Zutaten stammen allesamt von den eigenen Streuobstwiesen oder von Zulieferern im Umkreis von knapp 50 Kilometern. Für den Dessertwein „Manzano" und den Edel-Most „Cuvée 42" gab es auch schon Auszeichnungen auf der Frankfurter Apfelweinmesse.

Die Bag-in-Box Saftmischungen reichen von Apfel-Amaretto über Apfel-Wachholder bis hin zu Apfel-Quitte. „Ich lag eines Tages unter einem unserer Apfelbäume und habe den Duft der Wiese eingeatmet. Da kam mir die Idee, den Duft der Streuobstwiese mit dem Saft zu verbinden", erinnert sich Alexander Seiz auf die Frage hin, wie er auf seine Apfel-Wiesenkräuter-Kreation kam. Und in dieser Anekdote zeigt sich wohl bestens die ganz einfache Motivation, die hinter allem steckt.

WAS „GUADS" ZUM TRINKEN...

NATURTRÜBER APFELSAFT

Kommt direkt von den Streuobstwiesen unserer Heimat und schmeckt als Süßmost frisch von der Presse ideal zu warmem Zwiebelkuchen. Haltbar gemacht wird der Saft durch Erhitzen – ganz ohne Konservierungsstoffe.

CUVÉE 42

Dieser Premiummost in der Bordeauxflasche wird schonend gepresst und vergoren – und macht Laune! Er steht einem schönen Weißwein in nichts nach und ist damit der ideale Begleiter eines Sommerabends auf der Terrasse.

MUGO

Das ist die schwäbische Antwort auf den Hugo: eine Komposition aus edlem Rosé-Most und selbstgemachtem Holunderblütensirup. Mit Minze und Eiswürfeln im Glas serviert ist der Mugo eine leichte, prickelnde Begrüßung.

Sachkunde

...FÜR JEDEN ANLASS!

SCHWÄBISCHER MOST

Unheimlich im Kommen! Kräftig und charaktervoll ist dies nach wie vor die passende Wahl zu geschmälzten Maultaschen mit Kartoffelsalat, Kesselfleisch oder Dosenwurst mit Kraut. Als Birnenmost ist er etwas herber, als Rosé modern und fruchtig.

DESSERTWEINE

Man kann die Sorten Manzano (Apfel), Perano (Birne) oder Membrillo (Quitte) einfach nur genussvoll schlürfen oder als fruchtigen Aperitif servieren. Dessertweine runden aber auch einen warmen Apfelkuchen oder ein süßes Schoko-Dessert perfekt ab.

GLÜHMOST

Dieser nicht so süße, dafür umso geschmacksintensivere Trunk wärmt die Glieder im Winter nach der Schneeballschlacht. Auch die Kleinen kommen nicht zu kurz: Apfel- und Räuberpunsch heißen die winterlichen Warmgetränke für Kinder ohne Alkohol.

MOSTEREI SEIZ / Auf der Höhe 42 / 73529 Schwäbisch Gmünd-Straßdorf / Tel. 07171-9477013 / www.mosterei-seiz.de

Kartoffel-Direktvermarktung

WAGNER
FRISCH VOM HOF

ELLWANGEN-NEUNHEIM

Eine typische Supermarkt-Szene: Vor dem Kartoffel-Regal stehend wird nochmal über das geplante Essen sinniert. Eignen sich da eher die mehlig, vorwiegend fest oder fest kochenden Knollen? Da ist guter Rat von Mutti oder Oma teuer! „Uns kann man halt auch einfach fragen", formuliert Anton Wagner einen Vorteil des Kartoffel-Kaufs direkt beim Erzeuger. Unter anderem auf den Wochenmärkten in Aalen und Ellwangen oder direkt ab Hof kann man Wagners Kartoffeln erwerben – eine Beratung in Sachen Verarbeitungsmöglichkeiten ist dabei immer inklusive. „Die Kunden kommen zu uns, berichten, was sie gerne kochen möchten, und wir suchen die passende Sorte raus", beschreibt er das Prinzip. Mit seiner Arbeit hat sich Anton Wagner ganz den „Grommbiera" verschrieben und bekommt von seiner Frau, seinen Kindern und weiteren Verwandten tatkräftige Unterstützung. „Kartoffel braucht Familie", ist er überzeugt.

Von Mitte Juni bis Mitte oder Ende Oktober ist Erntezeit. Für Familie Wagner dreht sich dann alles um Annabelle, Laura, Belana und Tonia – keine Angestellten, sondern Kartoffelsorten. Bei den Wagners denkt man nämlich nicht nur in den oben genannten Kategorien. Kartoffeln sind hier mal lieblich, mal eher herb, mal nussig. „Wenn die ersten Knollen reif sind, dann kochen wir oft gleich zehn Sorten ab und probieren uns durch", erzählt Anton Wagner. Auf den Markt gehe nichts, was nicht vorher getestet wurde.

Rund 35 Sorten umfasst das Kartoffel-Sortiment aktuell, Tendenz steigend beziehungsweise variierend. „Wir führen jedes Jahr einen Sortenversuch im Bereich der Neu-Züchtungen durch", sagt Anton Wagner und wenn er so von seinen Geschmackserlebnissen erzählt, dann sollte man nicht meinen, dass er tatsächlich von Kartoffeln spricht. Er ist eben ein echter Kartoffel-Enthusiast und verspeist die Knollen am liebsten in Form eines Gratins oder Salats. „Wenn man mehrere Sorten mischt, dann wird der Salat komischerweise immer am besten", verrät er schmunzelnd.

> „ES GIBT KAUM EIN NAHRUNGSMITTEL, AUS DEM MAN SO VIEL MACHEN KANN WIE AUS DER KARTOFFEL."

Das ganze Jahr über sind Kartoffeln heutzutage erhältlich. Zu Hause gelagert werden sie kaum noch, weiß Anton Wagner: „Jeder kauft frisch nach Bedarf und nicht auf Vorrat. Das hat sich schon gewandelt."

Nach der Ernte, die große Sorgfalt und viel Handarbeit erfordert, gelte es deshalb die optimalen Lagerbedingungen zu schaffen, um die treuen Kunden auch im Winter und Frühjahr mit qualitativ hochwertigen Kartoffeln versorgen zu können. In großen, gestapelten Holzkisten in einer voll klimatisierten Halle fühlen sich die anspruchsvollen Knollen am wohlsten.

„Im Gegensatz zu Getreide sind Kartoffeln ein lebendiges Gut. Ist es zu warm, treiben sie aus. Ist es zu kalt, setzt die so genannte Verzuckerung ein", erklärt Anton Wagner, der es wichtig findet, das zu nutzen, was es heute an Technik gibt – ohne dabei die Natur aus den Augen zu verlieren. „Kartoffel, Kartoffel und nochmal Kartoffel, das funktioniert so nicht. Der Boden muss sich erholen, was nur möglich ist, wenn auf die Fruchtfolge geachtet wird. Wir bewirtschaften unsere Flächen so, dass auch in 20 Jahren noch etwas darauf wächst", sagt er. Aussortierte Knollen werden von den Bullen auf dem Hof verwertet. So schließt sich der Kreis.

ZUTATEN

reicht für 4 Personen

1 kg Kartoffeln
(bunt gemischt,
z.B. Rote Emmalie,
Violetta,
Laura und
Annabelle)
Öl
Salz
Pfeffer
verschiedene
Kräuter

„TIPP:
WERDEN DIE
KARTOFFELN
VORGEKOCHT,
MÜSSEN
SIE NICHT
SO LANGE
BACKEN."

Selbermachen

REZEPT FÜR BUNTE OFENKARTOFFELN

Ofenkartoffeln sind schnell gemacht, machen sich super als Beilage, haben aber auch das Zeug dazu, die Hauptrolle auf dem Teller zu spielen. Besonders dann, wenn sie als bunter Haufen auftreten. Ob man die Kartoffeln mit scharfem Paprikapulver, getrockneten Kräutern oder ganz schlicht mit Salz und Pfeffer verfeinert, ist jedem selbst überlassen. Mit frischem Dip und knackigem Salat schmecken sie super lecker und machen obendrein pappsatt.

Kartoffeln gut waschen, wenn nötig schrubben. Halbieren oder vierteln. Mit Öl, Kräutern, Salz und Pfeffer kräftig würzen.

Im Backofen knusprig backen. Das dauert rund 45 Minuten.

DIREKTVERMARKTER ANTON WAGNER / Maierstraße 4 / 73479 Ellwangen-Neunheim
Tel. 07961-53825 / www.wagner-kartoffeln.de

VOM TIER

76	Hohnhardter Demeterhöfe
80	Imkerei Zusenhof
84	Lammspezialitäten Köhrhof
88	Rattstadter Milch- und Käsehof
92	Forellenzucht Remsquelle
96	Jagsthof
100	Biolandhof Fauser
104	Der Waldeckhof
108	Naturhof Engel
112	Bio-Imkerei Fähnle
116	Straußenfarm Lindenhof

Demeter-Erzeugnisse & Bio-Hofladen

HONHARDTER DEMETERHÖFE

FRANKENHARDT-HONHARDT

„Wenn Sie auf den Weiden rund ums Dorf Fleckvieh sehen, dann gehört das zu uns", sagt Martin Klopfer und lässt seinen Blick über die saftig-grünen Wiesen und Felder schweifen. Gemeint sind braun-weiß – wie der Name bereits erahnen lässt – gefleckte Rinder. Die Tiere der Honhardter Demeterhöfe sind aber nicht nur an der Fellfarbe zu erkennen, sondern auch an den Hörnern. Denn, ja, Kühe tragen normalerweise individuellen Kopfschmuck! Die Enthornung, eine gängige Praxis in der Viehhaltung, ist im Demeter-Verband verboten. „Unsere Tiere dürfen ihre Hörner aber nicht nur wegen der Richtlinien behalten – das entspricht vielmehr unserer Überzeugung", betont Martin. Schnell wird klar: Hier geht es um mehr. Hier sind echte Idealisten am Werk!

Wie viele Tiere sind nötig, um den Boden gesund und dynamisch zu erhalten? Um diese Frage drehe sich das gesamte Hof-Konzept. Weil der Boden die Grundlage ist. Hier wachsen das Gras und das Getreide, die die Tiere ernähren, die uns ernähren. „In der Landwirtschaft driftet das Verhältnis von Tieren und Fläche oftmals total auseinander. Bei uns bildet das eine Einheit! Die Größe der Rinderherde ist auf die Anbaufläche abgestimmt", erklärt Martin Klopfer das Prinzip.

Auf den Äckern gedeiht neben Futtergetreide auch solches, das später zu Brot wird, sowie saisonales Gemüse. Rindermist hilft wiederum dabei, die Bodenfruchtbarkeit zu erhalten. Die Molke, quasi ein Abfallprodukt aus der Käserei, schmeckt den Schweinen besonders gut, die fast das ganze Jahr draußen sind und beim Graben und Wühlen gleich noch den Boden umpflügen. Vermarktet wird möglichst viel direkt – im Hofladen und auf den Wochenmärkten in Crailsheim und Ellwangen. So schließt sich der Kreis. „Im Grunde sind wir ein Demeter-Milchviehbetrieb mit drei Besonderheiten", klärt Julian Klopfer auf. Seit drei Jahren sind auch er und seine Freundin Julia Rupp fester Bestandteil der kleinen Hofgemeinschaft, die seine Eltern Annerose und Martin gemeinsam mit Joseph Huber-Kraus ab 1986 aufgebaut haben und von der heute sieben Menschen leben können.

„WIR WOLLEN NAHRUNGSMITTEL ERZEUGEN, DIE DER MENSCH WIRKLICH BRAUCHT."

Spezifikum Nummer eins: Es handelt sich um einen zertifizierten Heumilchbetrieb. Im Sommer wird das Fleckvieh also täglich auf die Weiden getrieben und im Winter steht dann getrocknetes Gras auf der Speisekarte. Außergewöhnlich ist auch die Kuhfamilienzucht. Aus der Herde werden eigene Zuchtbullen selektiert; auf künstliche Besamung wird verzichtet. „Unser Ziel ist es, Tiere zu züchten, die optimal zu uns, unserer Region, unserer Haltung passen", beschreibt Julian. Eimer kennen die Kälber übrigens nicht – Milch gibt's für die Kleinen immer direkt vom Euter der Mutter oder einer Ammenkuh. Die übrige Milch wird in der direkt an den Stall angrenzenden Hofkäserei weiterverarbeitet zu leckerem Joghurt, Quark und Käse.

„Wenn man Milch produziert, dann fällt automatisch auch Fleisch an", sagt der Juniorchef weiter. Dieses kann man entweder frisch auf Vorbestellung kaufen, wenn geschlachtet wird, oder in Form verschiedener Wurstsorten, die nach handwerklicher Tradition hergestellt werden. „Auf einem Hof alle Bereiche der Nährstoffkette belegen und beleben – das machen wir, weil es definitiv die sinnvollste Art und Weise ist, Lebensmittel zu produzieren! Alles greift ineinander, bedingt sich. So wird der Hof zum Organismus und der ist umso gesünder, je gesünder die einzelnen Organe sind", bringt es Martin Klopfer auf den Punkt.

Im Fokus

„WIR GLAUBEN, DASS ES EINEN ZUSAMMENHANG GIBT ZWISCHEN DEM WERT, DER KRAFT EINES LEBENSMITTELS UND DEN HALTUNGSBEDINGUNGEN VON TIEREN ODER DEM BODEN, IN DEM DIE PFLANZE WÄCHST."

HONHARDTER DEMETERHÖFE GBR / Ostweg 15 / 74586 Frankenhardt-Honhardt
Tel. 07959-926311 (Hofladen) / www.honhardter-demeterhoefe.de

Alles rund um die Biene

IMKEREI ZUSENHOF

WALDSTETTEN

Es ist wirklich erstaunlich, was Bienen mit ihrem winzigen, pelzigen Körper, der von zierlichen Flügeln durch die Lüfte getragen wird, leisten! Beharrlich fliegen sie in den warmen Monaten von Blüte zu Blüte, sammeln Nektar und Pollen. Zurück im Bienenstock wird der Nektar zu Honig umgearbeitet, der Nachwuchs gefüttert, geputzt, gebaut, getanzt und Wache geschoben. „Man muss ein Volk immer als ein Individuum betrachten. Die Königin ist sozusagen das Herz und jede Biene eine Zelle", beschreibt Roselinde Henschke-Weber das Treiben im Bienenstock. Seit ihrem zwölften Lebensjahr betreut sie eigene Bienen und trat damit in die Fußstapfen ihres Vaters und ihres Großvaters. Inzwischen ist sie Imkermeisterin – genauso wie ihr Mann Bernhard. Gemeinsam betreiben sie die Imkerei Zusenhof. Ein Leben mit und für die Bienen.

„Im Sommer ist das schon ein Halbtagsjob", sagt Bernhard Henschke und meint das genau so, wie er es sagt. Ein halber Tag – zwölf Stunden. Es gibt viel zu tun mit drei- bis vierhundert Bienenvölkern. Regelmäßige Kontrollen etwa sind wichtig, um den Raum an das Wachstum der Völker anzupassen. Das Schwarmverhalten muss beobachtet werden. Die Völker sollen ja nicht abschwärmen – und im selben Zuge können Jungvölker gebildet werden.

Später im Sommer folgt dann die Honigernte, danach das Füttern und Behandeln. „Im Verlauf eines Jahres müssen wir ganz unterschiedliche Aufgaben bewältigen. Diese Abwechslung gefällt mir besonders gut!", meint Roselinde. Um überhaupt verschiedene Honigsorten ernten zu können, wird ein Teil der Völker in andere Trachten chauffiert. Während der Hochsommerwochen fliegt ein Teil der Bienenvölker beispielsweise in den Pfälzer Edelkastanienwäldern, um dort den fein-herben Honig zu sammeln. Andere Völker schwärmen in den Rheinau-Wäldern für den minzig schmeckenden Lindenblütenhonig und den mild-aromatischen Akazienhonig aus.

„HONIG IST GESPEICHERTER SOMMER!"

Der Großteil bleibt aber zur Blütentracht auf der Ostalb und im Remstal – im Schwäbischen Wald gibt's schließlich den begehrten dunklen Wald- und Tannenhonig. Wenn es gut läuft, können so jedes Jahr acht verschiedene Honigsorten geerntet werden.

„Wir wünschen uns wieder eine buntere, vielfältigere Landwirtschaft mit blühenden Wiesen statt intensivster Silagewirtschaft. Die Entdeckung der durchwachsenen Silphie als neue Energiepflanze für die Erzeugung von Biogas ist sicherlich ein Schritt in die richtige Richtung, um von den spritzintensiven Monokulturen wie Mais wegzukommen. Ein Feld voller Silphien ist schließlich ein wunderbares, gelb-blühendes Insektenparadies. Wenn sich der Anbau noch mehr durchsetzt, freuen wir uns sehr", betont Bernhard und Roselinde ergänzt: „Ein riesiger Wunsch wäre einfach mehr Biolandwirtschaft ohne Insektizide, damit sich auch die Schmetterlinge, Hummeln und Wildbienen wieder vermehren können."

Bei der Imkerei Zusenhof ist Bio-Qualität längst Standard – und eine absolute Selbstverständlichkeit für das Ehepaar, dem es letztlich nicht nur darum geht, irgendwelche Richtlinien bezüglich Haltung, Futter und Behandlung zu erfüllen. „Wir wollen die ökologische Bienenhaltung weiterentwickeln. Wenn wir unsere Bienen irgendwann dazu bringen könnten, dass sie selber Strategien entwickeln, um etwa mit einem Milbenbefall klarzukommen, dann wäre das genial!"

Exkurs

AUF DEN ESEL GEKOMMEN?

„Ich liebe laute Tiere", gesteht Roselinde schmunzelnd. So kam es, dass neben den unzähligen Bienen auch eine Katze, zwei Hunde, drei Pfauen, vier Esel und sechs Hühner hier ein Zuhause gefunden haben. Oberhalb von Waldstetten, inmitten von sanften, grün bewachsenen Hügeln gelegen, ist der Hof ein idealer Ausgangspunkt für eine gemütliche Wanderung. Die könnte man auch mit vierbeiniger und „langohriger" Begleitung, nämlich mit Camille, Freddy, Lotte oder Sally, den Zusenhof-Eseln, machen. Einfach anfragen – und von Roselinde gibt's noch drei Routen-Vorschläge dazu:

„Eine kurze Route führt zur Skihütte in Weiler in den Bergen und zurück (1). Sonntags kann man dort gut einkehren. Wer diese Route verlängern möchte, wandert einfach nach Herdtlinsweiler hinab. Dort gibt es ein wunderbares Hofcafé. Zurück geht's über die Steinbacher Höfe (2)."
Gehzeit: 2 Stunden (1) / 3 bis 3,5 Stunden (2)

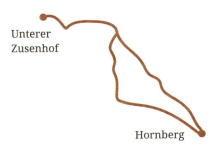

„Es bietet sich auch eine Wanderung zum Hornberg an."
Gehzeit: 3 bis 4 Stunden

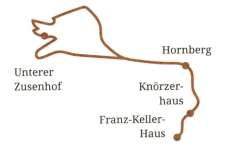

„Das ist die längst Route. Auch hier gibt es Einkehrmöglichkeiten: Auf dem Hornberger Fluggelände zum Beispiel, im Franz-Keller-Haus, einer Albvereinshütte, die ich besonders schön finde, oder im Knörzerhaus, wo es auch sehr schön ist. Diese Tour gefällt mir persönlich sehr gut!"
Gehzeit: 5 bis 6 Stunden

IMKEREI ZUSENHOF / Roselinde Henschke-Weber & Bernhard Henschke / Unterer Zusenhof / 73550 Waldstetten
Tel. 07171-877527 / www.imkerei-zusenhof.de

Fleisch und Wurst vom Lamm

LAMMSPEZIALITÄTEN KÖHRHOF

ABTSGMÜND/REICHERTSHOFEN

Der Köhrhof liegt im schönen Kochertal, etwa sechs Kilometer von Abtsgmünd entfernt, und ist seit Generationen im Besitz der Familie Hägele. Seit 1989 betreiben sie dort im Nebenerwerb Schafhaltung und bieten Spezialitäten aus Lammfleisch, die sie im eigenen Hofladen direkt vermarkten. Aber nicht nur das, mit ihrer inzwischen 200 Tiere umfassenden Herde aus Mutterschafen, Zuchtböcken und zehn Ziegen, die von April bis Dezember naturschutzwichtige Flächen beweiden, leisten sie auch einen wichtigen Beitrag zur Landschaftspflege im Lein- und Kochertal.

Ursprünglich begannen Wolfgang und Christa Hägele ihre Schafhaltung mit nur drei Schafen als Hobby und für die Beweidung kleinerer steiler Flächen um den Köhrhof. Doch nachdem sich nach Hausschlachtungen für den Eigenbedarf und für einzelne Bekannte die besonders gute Qualität herumsprach und die Nachfrage stieg, bauten sie ihren Betrieb aus.

Die Anzahl der Schafe wuchs, 2000 wurde ein neuer Stall gebaut und 2001 wurde ihre Lammfleischproduktion schließlich als ökologische Schafhaltung nach EU-Verordnung bio-zertifiziert. Das gesunde, kräuterreiche Gras auf den knapp 60 Hektar bewirtschafteter Fläche wächst ausschließlich mit natürlichem Dünger und ohne chemische Zusatzmittel. Ein besonders wichtiger Aspekt für die Hägeles ist die Schlachtung vor Ort, die Wolfgang und Sohn Manuel selbst übernehmen. 2003 wurde deshalb ein kleines Schlachthaus für eine hauseigene gewerbliche Schlachtung eingerichtet. So bleiben die Tiere in vertrauter Umgebung, es gibt keine Transportwege und keine Aufregung durch unbekanntes Personal. So garantieren sie die absolute Stressfreiheit der Schafe.

„WIR WOLLEN UNSERE PRODUKTE MIT GUTEM GEWISSEN AN UNSERE KUNDEN WEITERGEBEN KÖNNEN."

Die Hägeles haben keine eigene Homepage, Informationen zum Hof und Termine kann man aber auf der Seite der Regionalvermarkter Ostalb finden – auch den Termin für das jährliche Hoffest mit Lammspezialitätenbüffet im Juli. Dort kann man die Vielfältigkeit von Lammfleisch kennenlernen und von Christa Hägele selbst zubereitete Gerichte probieren, etwa Lammkarree, Kotelett, gefüllte Braten und natürlich auch die hauseigenen Wurstspezialitäten, deren Rezepturen eigens von den Hägeles zusammen mit ihrem Metzger entwickelt wurden. Bis auf die Schinkenwurst aus der Dose bestehen alle Varianten ausschließlich aus Lamm und können bedenkenlos von muslimischen Kunden oder Menschen, die aus gesundheitlichen Gründen auf Schweinefleisch verzichten müssen, gegessen werden. Alle Fleischprodukte sind nach telefonischer Vorbestellung im Hofladen erhältlich und Christa Hägele stellt immer gerne Anregungen und Tipps zu Lammgerichten zur Verfügung. Die Besonderheit am Köhrhof ist zudem, dass man anders als bei vielen anderen Direktvermarktern von Lammfleisch auch kleine Mengen und nur gewünschte Teile bekommen kann. Außerdem findet man dort auch gleich die passenden Gewürzmischungen, Olivenöl und natürlich Lammfelle.

Trotz der größer gewordenen Nachfrage bleiben die Hägeles weiterhin ihrer Direktvermarktung im kleineren Rahmen treu, denn sie möchten qualitativ hochwertiges Fleisch und kein Massenprodukt vertreiben. Indem sie ausschließlich Fleisch aus der eigenen Zucht anbieten und keine Tiere zukaufen, können sie tiergerechte Haltung, die Gesundheit der Tiere und stressfreie Schlachtung garantieren. Dafür gibt es auch keine Alternative, denn die höchste Priorität der Familie ist, dass es den Tieren bei ihnen gut geht.

Sachkunde

FLEISCHKUNDE: LAMMFLEISCH

„LAMMFLEISCH IST BESONDERS ZART, SEHR AROMATISCH UND LÄSST SICH AUF VIELFÄLTIGE ART UND WEISE ZUBEREITEN. FÜR DIESES GROSSARTIGE GESCHMACKSERLEBNIS LOHNT SICH DIE MÜHE!"

1 HALS UND NACKEN

Aus dem leicht marmorierten Lammhalsfleisch mit viel Eigenaroma lassen sich am besten deftige Eintöpfe wie Irish Stew zaubern. Das Nackenfleisch kann gegrillt werden, ist aber auch gekocht und geschmort eine besondere Delikatesse.

2 RÜCKEN

Der Rücken besteht aus Kotelett und Lendenstück und wird als eines der besten Teilstücke gehandelt. So findet sich der Rücken als Lammkrone oder -karree in edlen Gerichten wieder. Er eignet sich sowohl zum Braten oder Grillen als auch zum Schmoren. Die so genannten Lammlachse sind zarte Filets aus dem Lammrücken und ein kulinarischer Leckerbissen.

3 KEULE

Die Keule ist wegen der Fleischfülle am vielfältigsten verwendbar und ein Klassiker unter den Lammgerichten. Gut abgehangen eignet sie sich für einen zarten Braten. Aus den Teilstücken – Lammnuss und -oberschale – kann man saftige Steaks und Schnitzel braten.

4 DÜNNUNG

Wer bei Lammfleisch auf den Preis achtet, ist mit diesem günstigsten Teilstück gut bedient. Die Dünnung eignet sich zum Braten, Schmoren, Kochen und Grillen.

5 SCHULTER

Dieses erstklassige Fleischstück ergibt mit Knochen einen guten Schmorbraten. Auch deftigem Gulasch und Ragout verleiht sie das gewisse Etwas.
Ohne Knochen schmeckt sie vor allem gefüllt richtig lecker.

6 BRUST

Durch den höheren Fettanteil ist die Brust ideal zum Kochen. In Rippchen zerlegt und mit kräftigen Gewürzen mariniert ist sie auch ein leckeres Grillgut.

7 HAXEN

Es gibt die Vorder- und die Hinterhaxe, die genau die richtige Größe für eine Portion haben. Mit kleingewürfeltem Wurzelgemüse und einem guten Schuss Rotwein im Backofen geschmort schmecken sie herrlich.

LAMMSPEZIALITÄTEN KÖHRHOF / Familie Hägele / Köhrhof 1 / 73453 Abtsgmünd-Reichertshofen
Tel. 07366-919251 / www.regionalvermarkter-ostalb.de

Käserei und Hofladen

RATTSTADTER MILCH- UND KÄSEHOF

ELLWANGEN-RATTSTADT

Wer schon mal im Allgäu war, dem dürfte aufgefallen sein, dass dort quasi jedes Dorf seine eigene Käserei besitzt. Hier im Ländle wird zwar auch unheimlich gerne Käse verspeist – das Handwerk des Käsens ist allerdings nicht besonders verbreitet. Diana und Roland Wiedenhöfer dachten sich also: „Dann muss ja zumindest eine Käserei laufen!" So kam das beschauliche Örtchen Rattstadt bei Ellwangen zu seiner eigenen Hofkäserei. Weich-, Schnitt- und Frischkäse aus Kuh- und Ziegenmilch können im Hofladen der Familie, aber auch auf den Wochenmärkten in Aalen, Ellwangen und Dinkelsbühl erworben werden. Wer sich für einen Abstecher auf den Hof entscheidet, findet im Laden neben Käse viele weitere regionale Produkte. Backwaren, Eier, Nudeln oder Öl zum Beispiel. Es gibt aber auch frische Kuh- und Ziegenmilch ab Hof. Und weil die Käserei direkt angrenzt, kann man den Käse-Profis gleich noch einen Blick über die Schulter werfen.

Bereits in fünfter Generation wird der Hof bewirtschaftet. „Als Roland und ich übernommen haben, mussten wir uns natürlich überlegen, wo es mit dem Milchviehzuchtbetrieb hingehen soll", erzählt Diana. Nach wie vor dreht sich hier alles rund um die Milchproduktion, allerdings werden nicht mehr nur Kühe, sondern auch Ziegen gemolken – und außerdem wird die Milch nun größtenteils zu Käse weiterverarbeitet. „Ziegen hatten wir eigentlich schon immer, aber eben eher als Hobby. Die sind einfach klasse, total frech und aufgeweckt", findet Diana.

Insofern sei für das Ehepaar Wiedenhöfer gleich klar gewesen, dass der Schwerpunkt der Arbeit künftig auf den Ziegen liegen soll. Und auf Käse. „Weil wir das Ganze von Null aufgebaut haben, mussten wir uns da schon echt durchbeißen am Anfang, mussten uns erst mal einen Namen machen", erinnert sich Roland Wiedenhöfer. Inzwischen hat es sich herumgesprochen, dass es bei den Wiedenhöfers richtig leckeren Käse gibt. Rund 30 Sorten umfasst das Angebot. Am Ziel sind die beiden trotzdem noch nicht angekommen: Aktuell müssen die letzten Züge der Umstellung auf Bio vollends umgesetzt werden.

„FÜR DIE UMSTELLUNG AUF BIO HABEN WIR UNS AUS ÜBERZEUGUNG ENTSCHIEDEN UND DESHALB FÜHLT SICH DER JETZIGE WEG EINFACH RICHTIG AN."

Gleichzeitig wird alles für die Heumilch-Produktion vorbereitet. Außerdem befindet sich eine neue Käserei im Bau. Da passiert also einiges und wenn die Seniorchefs Hildegard und Alfons Beerhalter dann 2019 in den wohlverdienten Ruhestand gehen, wird sich zeigen, wie Diana und Roland das Hof-Konzept vollends weiterentwickeln. „Man kann nicht einfach nach Rezept käsen", kann Roland Wiedenhöfer heute aus Erfahrung sagen. Vielmehr sei das eine Gefühlssache. Es komme darauf an, ob man eine Sommer- oder eine Wintermilch verarbeitet. Mit Ziegenmilch müsse man deutlich behutsamer umgehen als mit Kuhmilch. Und man müsse auch mal reinfassen, die Bruchmasse fühlen, anschauen. „Das muss man lernen – das ist das Handwerk", sagt er.

Möchte man einen Blick in den Reiferaum werfen, dann muss man aktuell noch Überzüge über die Schuhe ziehen, bevor es die Treppen hinuntergeht. Wenn die neue Käserei fertig ist, wird man die Laibe jederzeit durch ein Fenster begutachten können. „Die ganze Käserei soll offen und transparent sein mit großer Glasfassade", schwärmt Roland von der geplanten Schau-Käserei. Da lohnt sich ein Hofbesuch dann gleich doppelt!

SCHNITTKÄSE-HERSTELLUNG

1

Durch die Zugabe des Enzyms Lab dickt die pasteurisierte Milch ein und es entsteht die so genannte Gallerte. Der PH-Wert spielt in diesem Arbeitsschritt eine entscheidende Rolle.

Um die Molke – also die Flüssigkeit – abzutrennen, wird die eingedickte Milch zerkleinert. Von der Größe und Konsistenz dieses Käsebruchs hängt die spätere Festigkeit des Käses ab.

Die Bruchmasse wird in Formen geschöpft. Nach kurzer Zeit muss der entstandene Laib direkt gewendet werden.
Für Geschmack und Haltbarkeit sorgt ein Salzbad, das der Käse nach einem Tag nimmt.

2

3

Auf Holzregalen reift der Käse schließlich und wird jeden zweiten Tag mit einer Rotschmier-Kultur eingebürstet. So bildet sich nach und nach die schützende Rinde und nach sechs bis acht Wochen ist der Schnittkäse verkaufsfertig.

Selbermachen

GEBACKENER ZIEGENFRISCHKÄSE

ZUTATEN

reicht für 4 Personen

800 g Ziegenfrischkäse natur
4-6 Zehen Knoblauch
500 g Champignons
4 Strauchtomaten (300g)
ca. 6 EL Öl (Rapsöl)
italienische Kräuter
etwas Salz
etwas Rucola zum Garnieren
Toastbrot oder Baguette

Frischkäse in Scheiben schneiden und die Auflaufform damit auslegen. Knoblauch schälen und auf den Frischkäse pressen. Champignons und Tomaten in Scheiben schneiden und auf dem Frischkäse verteilen. Öl, Kräuter und Salz vermischen und drüber träufeln.

Bei 220°C ca. 20 Minuten backen oder grillen (vor dem Zerlaufen aus dem Ofen nehmen). Mit Rucola garnieren.

Dazu passt getoastetes Toastbrot oder Baguette.
Abrunden lässt sich das Gericht mit einem frischen Blattsalat.

RATTSTADTER MILCH- UND KÄSEHOF / Haldenstraße 2/1 / 73479 Ellwangen-Rattstadt
Tel. 07961-560770 / www.rattstadter-kaesehof.de

Frischer Fisch

FORELLENZUCHT REMSQUELLE

ESSINGEN

Auf dem Weg von Essingen nach Lauterburg taucht irgendwann ein schlichtes Schild an der linken Straßenseite auf. Es sind Fische abgebildet, das erkennt man auch beim schnellen Vorbeifahren. Dann ist es allerdings schon zu spät fürs Abbiegen auf den schmalen Schotterweg, der von der Hauptstraße abzweigt und zur Forellenzucht Remsquelle führt. Deshalb: Augen auf bei der Anfahrt!

Hinter den Bäumen und Hecken, die die Forellenzucht-Anlage von der Straße abschirmen, tauchen neben einer Holzhütte auch verschiedene Wasserbecken auf. Marion Allgaier räumt gerade noch einige Utensilien aus dem Auto, dann kann der Verkauf an diesem sonnigen Donnerstagnachmittag starten. „Wenn das Wetter so schön ist, dann ist es einfach herrlich, hier draußen zu sein", findet sie. Umgeben von Wäldern ist die Anlage ein echtes Idyll, ein bisschen wie ein Schrebergarten ohne Nachbarn.

Zur Forellenzucht seien sie und ihr Mann Klaus eher zufällig gekommen, erzählt Marion Allgaier. Seit den 70er Jahren würden hier, in unmittelbarer Nähe zum Remsursprung, Forellen gezüchtet und verkauft. „1990 haben wir die Anlage übernommen", berichtet sie weiter. Seither betreibt Familie Allgaier die Forellenzucht als kleinen Nebenerwerb. Die eigentliche Fischzucht sei mittlerweile allerdings nach Böbingen verlagert worden. Im einstigen Freibad wachsen die Forellen dort bis zur Speisegröße heran und werden dann je nach Bedarf nach Essingen transportiert. Fisch ist gesund! Er liefert hochwertiges Eiweiß, seltene Spurenelemente und enthält die wichtigen Omega-3-Fettsäuren. Daher ist es eine gute Nachricht, dass der Fischkonsum in den letzten Jahren kontinuierlich gestiegen ist.

„ICH DENKE, DASS ES EINFACH WICHTIG IST, SICH BEWUSST ZU MACHEN, DASS JEDES FLEISCH UND JEDER FISCH, DEN MAN ISST, EIN LEBEWESEN WAR."

Wer mehr Fisch will, muss jedoch mehr fischen – und weil immer mehr gefischt wurde und wird, sind inzwischen die Bestände einiger Fischarten massiv bedroht. In Zeiten von überfischten Meeren, Fangquoten und Aquakultur entscheiden sich immer mehr Menschen bewusst für den Kauf von frischem, regionalem Fisch. Auch Marion Allgaier stellt fest: „Die Leute interessieren sich heutzutage wieder deutlich mehr dafür, wo die Lebensmittel, die sie konsumieren, herkommen, wo und wie sie produziert werden." Immer wenn ein Auto oder Motorrad angefahren kommt, greift Marion Allgaier routiniert zum Käscher. Bei ihr gibt es nämlich keinen Fisch von der Theke, sondern fangfrisch aus dem Wasser. In den Becken vor der Holzhütte tummeln sich aktuell Regenbogen- und Lachsforellen. Auch Bachsaiblinge und Karpfen, letztere um die Weihnachtszeit, zählen zum Angebot. „Manche würden sich ihren Fisch auch gerne selber fangen", sagt sie.

So einfach, wie das Käschern aussieht, sei es aber gar nicht. Mit einer geübten Bewegung gehen natürlich gleich mehrere Exemplare ins Netz. „Welchen hätten Sie denn gern?", fragt sie den jungen Mann, der mit seinem Sohn vorbeigekommen ist. Neben fangfrischem und auf Wunsch sogar ausgenommenem gibt's bei den Allgaiers übrigens auch geräucherten Fisch. Den muss man allerdings bestellen.

Holz und frischer Wacholder sorgen für den besonderen und beliebten Geschmack der Räucherfische. „Aktuell planen wir außerdem einen kleinen Imbiss, mit dem wir uns an der Remsgartenschau 2019 beteiligen wollen", verrät Marion Allgaier abschließend.

FORELLEN CRÈME

ZUTATEN

100 ml saure Sahne
200 g geräuchertes
Forellenfilet
200 g Frischkäse
mit Meerrettich
4 Frühlingszwiebeln
1 Limette

Die Frühlingszwiebeln in feine
Streifen schneiden. Die Limette
auspressen. Alle Zutaten in eine
Schüssel geben und verrühren.
Guten Appetit!

Sachkunde

GERÄUCHERTE FORELLEN ENTGRÄTEN

01 Den Kopf entfernen.
02 Entlang der Bauchseite bis zur Schwanzflosse schneiden.
03 Das Grätenende greifen.
04 Die ganze Mittelgräte langsam herausziehen und mit Hilfe des Messers auch die übrigen Gräten entfernen.
05 Zum Schluss die Haut abziehen.

FORELLENZUCHT REMSQUELLE / Gerwiesen / 73457 Essingen / Tel. 07365-314 / www.forellenzucht-remsquelle.de

Bioland-Eier

JAGSTHOF

WESTHAUSEN

Sie stecken in Nudeln und Backwaren, können aber auch gekocht und ausgelöffelt oder angebraten werden: Eier zählen definitiv zu jenen Lebensmitteln, die gleichermaßen beliebt wie umstritten sind. Ein Skandal jagt den nächsten. Erst Nikotin, dann Dioxin, dann Fipronil. Umstrittenes Kükenschreddern. Massentierhaltung. Es sind wahrlich keine guten Nachrichten, die in den Zeitungen zu lesen sind. Dass es auch anders geht, beweisen Martina Mast und Martin Häring vom Jagsthof in Westhausen.

„Hurra – nie wieder Federvieh!", so habe damals das Motto der großen Party gelautet, die nach der letzten Ausstallung geschmissen wurde, erzählt Martin Häring und kann sich das Lachen nicht verkneifen. Zwar wuchsen und gediehen im einstigen Hähnchenmaststall seiner Eltern dann tatsächlich kurzzeitig Shiitakepilze, am Ende kehrte er aber doch wieder zum Federvieh zurück. Nicht zur Mast allerdings, sondern zur Legehennenhaltung. Nicht konventionell, sondern gemäß der Bioland-Richtlinien.

Martin wollte Bio-Bauer oder gar kein Bauer sein. Das war Anfang der 90er Jahre. „Bio-Eier gab es damals kaum", erinnert sich seine Lebenspartnerin Martina Mast, die zu jener Zeit für die Geschäftsführung des baden-württembergischen Bioland-Landesverbands zuständig war. Als das erste der beiden gemeinsamen Kinder zur Welt kam, stieg sie vollends mit in den Hof ein. „Wir haben mit einem kleinen Bestand von 300 Tieren angefangen. Irgendwie war das dann ein absoluter Knaller, weshalb wir immer weiter aufgestockt haben", berichtet Martin. Zwei feste Ställe bieten heute bis zu 6.000 Hühnern Platz, ein Mobilstall weiteren 225. Vom Sortier- und Verpackungsraum aus kann man durch ein großes Fenster einen Blick in den Stall werfen, während Förderbänder die noch warmen Eier aus den Legenestern transportieren.

„WIR HABEN ALLES AUF DEM HOF: NATURLIEBHABERINNEN UND STUBENHOCKERINNEN, ZICKEN UND GENTLEMANS, PUBERTIERENDE UND CHEFINNEN, INDIVIDUALISTEN UND GESELLIGE, SÄNGER UND STEINMETZE. ES GIBT TATSÄCHLICH VIELE PARALLELEN ZWISCHEN HÜHNERN UND MENSCHEN."

„Bisher hatten wir immer braune Eier. Da wir nun allerdings auf eine andere Rasse umgestiegen sind, haben sie nun diese wunderschöne Elfenbeinfarbe", beschreibt Martina. Hühner der Rasse Sandy bevölkern seit kurzem den Jagsthof. Es handelt sich dabei um sogenannte Zweinutzungshühner. „Bei der Hühnerhaltung geht es entweder darum, Eier zu produzieren oder Fleisch. Nur deshalb werden Jahr für Jahr unzählige männliche Küken getötet, die eben keine Eier legen, gleichzeitig aber auch keine geeigneten Masthähnchen sind. Obwohl auch die Sandy-Hähne sehr langsam wachsen, zieht sie der Junghennenzüchter mit auf. „Damit sich das lohnt, braucht es allerdings eine Quersubvention über die Eierpreise", erklärt Martin und ergänzt: „Für uns fühlt sich dieser Weg absolut richtig an!"

Richtig und wichtig findet er auch, seinen Hühnern neben einem artgerecht eingerichteten Stall mit erhöhten Sitzstangen, Sand- und Staubbädern sowie allerlei Möglichkeiten zum Picken und Zupfen einen ständig begrünten Auslauf zu bieten. Möglich macht dies ein ausgeklügeltes Weidesystem. „Das ist für unsere Hühner und für die Umwelt gut!", sagt er.
Übrigens kann man bei Martina Mast und Martin Häring nicht nur Eier erwerben. Zwei Mal im Jahr können ambitionierte Hobby-Hühnerhalter Hennen für ihren eigenen Garten mitnehmen. „Die Tiere sind einfach zu schade zum Schlachten. Wer unseren Bio-Hennen ein zweites Zuhause geben möchte, darf sich gerne jeweils im November und Juni bei uns melden", lädt Martina abschließend ein.

Im Fokus

„VIEL FRISCHE LUFT
UND AUCH MAL EIN
STAUBBAD –
DAS IST HÜHNER-
WELLNESS."

JAGSTHOF GBR – MARTINA MAST UND MARTIN HÄRING / Jagsthof / 73463 Westhausen
Tel. 07363-5401 / www.jagsthof.de

Biolandhof mit Metzgerei und Hofladen

BIOLANDHOF FAUSER

MUTLANGEN

„Bitte parken Sie Ihr Auto demnächst und gehen Sie die letzten Meter zu Fuß", lautete die Anweisung des Navis kurz vor dem Ziel. Kein Witz! Warum? Diese Frage wird wohl für immer unbeantwortet bleiben. Vielleicht kann man von einer Art künstlicher Intelligenz sprechen, die um das besondere Naturerlebnis rund um den Biolandhof Fauser wusste und sich mit einem kurzen Spaziergang durch grüne Wiesen mit grasenden Kühen auf den anstehenden Hofbesuch einstimmen wollte. Wie auch immer – natürlich ist der Aussiedlerhof der Familie Fauser ganz bequem mit dem Auto zu erreichen. Dort angekommen kann man im schnuckeligen, aber voll ausgestatteten Hofladen stöbern oder den Schweinen, Kühen, Pferden, Hunden und Hühnern hallo sagen.

Vor knapp 30 Jahren war hier nichts als Acker. „Josef kommt aus einer Bauernfamilie. Deren Hof befand sich allerdings im Ortskern Mutlangens und war schon alleine deswegen wenig entwicklungsfähig", macht Rita Fauser einen gedanklichen Ausflug in die Vergangenheit.

Das Ehepaar entschloss sich also für einen Neustart, für den Aufbau eines eigenen Hofs. Das war 1989. Bio, das war damals für die meisten ein genauso großes Fremdwort wie Internet. Rita und Josef haben sich trotzdem ganz bewusst und von Anfang an für die ökologische Landwirtschaft entschieden.

„Ich würde sagen, dass wir eher systemkritische Menschen sind. Mit Kritik allein verändert man aber halt nix", weiß Rita. Es müssten schon auch Taten folgen!

Gentechnik, Massentierhaltung, chemisch-synthetische Dünger, Pestizide – all das ist bei den Fausers nicht zu finden. Mit ihrer Arbeitsweise leisten sie stattdessen bis heute einen wichtigen Beitrag zu einer nachhaltigeren Lebensweise.

„DIE FRAGE IST IMMER: HABEN SIE EINEN HOF ODER HAT DER HOF SIE?"

„Jeder Landwirt hat die Möglichkeit, den eigenen Betrieb den persönlichen Neigungen entsprechend auszurichten", formuliert Rita einen Vorteil der Branche. Josef habe schon immer gerne gewurstet. Früher im Keller, der kurzerhand zum „Wurst-Labor" umfunktioniert wurde, um mit immer neuen Rezepturen zu experimentieren. Weil mit der steigenden Nachfrage auch das Untergeschoss aus allen Nähten platzte, entschied sich die Familie für den Bau zusätzlicher Produktionsräume. Hier ist bis heute die hofeigene Bio-Metzgerei untergebracht, in der alle Produktionsschritte – vom Zerlegen bis zum Vakuumieren – selbst durchgeführt werden.

Deswegen, und weil alle Schweine und Rinder, die hier verarbeitet werden, auf dem Hof großgezogen wurden, wissen die Fausers immer ganz genau, was im Endprodukt steckt.

Das schätzen auch die treuen Kunden. „Die meisten, die zu uns kommen, sind tatsächlich Qualitätskäufer", erzählt Rita. Vor dem Kauf darf natürlich probiert werden, beispielsweise „Fausers Schwarze Wurst", die auch schon viele Blutwurst-Skeptiker überzeugen konnte.

Sachkunde

ES GEHT UM DIE WURST

1

Handverlesenes Fleisch, Leber und Zwiebeln werden für die Herstellung der traditionellen Leberwurst zerkleinert.

Die selbst kreierten Gewürzmischungen verpassen den Fleisch- und Wurstwaren eine individuelle Note und Kunden können so jederzeit nachfragen, was genau im Endprodukt zu finden ist. Geschmacksverstärker, Nitritpökelsalz und Phosphat sucht man allerdings garantiert vergeblich.

 **2**

3

Die Delikatess-Leberwurst wird portioniert. Die hofeigene Bio-Wurst gibt es auch in Dosen und Gläsern.

BIOLANDHOF FAUSER / Josef & Rita Fauser / Sandäcker 1 / 73557 Mutlangen
Tel.: 07171-71056 / www.fauser-bioland.jimdo.com

103

Bioland-Hof mit Café

DER WALDECKHOF

GÖPPINGEN

Der Waldeckhof ist eine kleine Idylle am Rande der Stadt Göppingen. Am üppig wuchernden Bauerngarten vorbei führt der Weg auf einen einladenden Erlebnisbauernhof mit artgerechter Tierhaltung und circa 70 Hektar Bioland zertifizierter Landwirtschaft. Aus allen Ecken blökt, grunzt und gackert es. Umschauen und Informieren ist ausdrücklich erlaubt, denn auf dem Waldeckhof geht es um grüne Integration und Kommunikation. Hinter all dem steckt die Staufen Arbeits- und Beschäftigungsförderung gGmbH, kurz SAB, die mit dem Waldeckhof schon seit dem Jahr 2000 auf Bio-Anbau und Nachhaltigkeit setzt.

Karin Woyta, Geschäftsführerin und Begründerin der SAB, möchte langzeitarbeitslose Menschen beschäftigen, qualifizieren, dabei sozialpädagogisch begleiten und möglichst wieder in den ersten Arbeitsmarkt integrieren. Dabei kann es vielerlei Gründe haben, weshalb „ihre Leut'" in diese Situation gekommen sind - von ehemals Angestellten insolventer Firmen über Menschen mit Lernschwäche oder Krankheitsschicksalen bis hin zu Alleinerziehenden ohne Berufsausbildung.

Für jeden einzelnen geht es ihr immer um zielgerichtete Maßnahmen. „Ich will den Leuten nicht einfach nur einen Besen in die Hand drücken", sagt sie und bringt damit das Konzept der SAB auf den Punkt: „Es muss Sinn machen." Der Waldeckhof ist, neben Gartenbau, Fahrradwerkstatt, Bio-Schnellimbiss oder zahlreichen Beratungseinrichtungen, nur eine dieser Maßnahmen. In allen Einrichtungen werden die Arbeiten von den Teilnehmern der SAB unter Anleitung von Fachkräften – von Gartenbaumeistern bis hin zu professionellen Köchen – durchgeführt.

„ES WAR FÜR MICH SCHON IMMER EIN TRAUM, BIO UND NACHHALTIGKEIT SO GUT WIE MÖGLICH ZU LEBEN."

Auf dem Waldeckhof können Besucher Limpurger Rinder, ungarische Wollschweine, Bronzeputen und Lachshühner bestaunen, die Esel Sir Henry, Hakan und Nelli besuchen oder sich einfach über die zahlreichen Gänse, Schafe und Lämmer freuen, die sich auf dem Hof tummeln.

Im Hofcafé oder auf der einladenden Terrasse werden Leckereien aus Schafsmilch, Eiscreme, Kuchen oder Käse und andere auf dem Hof hergestellte und verarbeitete Produkte angeboten. Zum Abschluss lohnt sich der Besuch im Hofladen, wo man neben diversen Bioprodukten auch von der DLG und vom Verband handwerklicher Milchverarbeitung prämierte Käsespezialitäten sowie Bio-Obst und Gemüse, Fleisch und Wurst aus eigener Herstellung erwerben kann.

Wenn man sich für eine Hofführung anmeldet, bekommt man zusätzlich Einblicke in Biolandwirtschaft, Käseherstellung oder bedrohte Haustierrassen. Und wem das alles noch nicht genug ist, der kann das Café oder auch die angrenzende Wiese mit Grillstelle für ein entspanntes Familienfest oder den Betriebsausflug mieten.

Wie Karin Woytan diesen Ort und all ihre anderen Projekte im Griff hat? Mit Leidenschaft und Überzeugung.

105

SCHAFSFRISCHKÄSEKUCHEN

FÜR DEN TEIG

250 g Mehl
75 g Zucker
1 Ei
125 g Butter

FÜR DAS TOPPING

2 Eiweiß
50g Puderzucker

FÜR DIE MASSE

500 g Schafsfrischkäse
150 g Puderzucker
1 Pck. Vanillezucker
1 Ei
2 Eigelb
Saft aus 1/2 Zitrone
5 EL Öl
500 ml Milch
1 Pck. Pudding

Für den Mürbeteig alle Zutaten mit den Knethaken des Handrührgeräts verrühren und anschließend mit den Händen glatt kneten. Eine Kugel formen, diese in Frischhaltefolie wickeln und 30 Minuten kalt stellen.

Währenddessen die Zutaten für die Masse gut verrühren. 500 ml Milch erst zum Schluss unterrühren. Masse auf Mürbeteig geben und ca. 65 Minuten bei 160°C backen.

2 Eiweiß mit 50 g Puderzucker schaumig schlagen und auf den fertigen Kuchen geben und nochmals 5 Minuten backen.

Sachkunde

SCHAFSFRISCHKÄSEHERSTELLUNG

Schneiden der Gallerte – also die durch das Enzym Lab dickgelegte Milch. Zusätzlich zum Lab werden außerdem vorher Milchsäurebakterien zugegeben zum Ansäuern der Milch.
Durch das Schneiden der Gallerte kann mehr Molke austreten, man erhält Käsebruch. Beim Frischkäse reicht es, wenn man die Gallerte nur grob schneidet.

Der Bruch wird in die Formen geschöpft und gleichmäßig verteilt.

Die Förmchen haben Löcher, damit die Molke ablaufen kann. Bis zum nächsten Tag bleibt der Frischkäse stehen, dann wird er verpackt und kommt ins Kühlhaus.

STAUFEN ARBEITS- UND BESCHÄFTIGUNGSFÖRDERUNG gGMBH / Waldeckhof / 73035 Göppingen
Tel. 07161-946980 / www.sab-gp.de

Biofleischwaren und Erlebnisgastronomie

NATURHOF ENGEL

SCHÖNBRONN

Schönbronn ist eine kleine, abgelegene Siedlung der Gemeinde Bühlerzell im Landkreis Schwäbisch-Hall, am Rande der Ostalb, umgeben von Wiesen, Feldern und Wäldern. Hier liegt der Naturhof Engel, auf dem Viktor Engel schon seine, wie er selbst sagt, glückliche Kindheit verbrachte. So glücklich, dass für ihn schon als Kind nur zwei Optionen für eine spätere Berufslaufbahn in Frage kamen: Landwirt oder Rennfahrer. Nun, er entschied sich für den Beruf, der einfach deutlich mehr Abwechslung zu bieten hatte.

Viktor Engel führt seinen Naturhof in dritte Generation gemeinsam mit seiner Frau Andrea bereits seit 1985. Die vierte Generation steht auch schon vor der Tür, denn die Söhne Eberhard und Christoph sowie Tochter Madeleine sind mit ihren Familien voll in die vielseitige Arbeit am Hof mit eingebunden.

Zwar haben sich die Engels auf Viehhaltung zur Fleischproduktion spezialisiert, sind dabei aber ungewöhnlich breit aufgestellt. Denn eines zeichnet den Rennfahrer Engel aus: „Ich möchte die Dinge nicht wie alle anderen machen." Deshalb züchtet er nicht nur Rinder oder Schweine, sondern auch Enten, Gänse, Hühner und Puten. Außerdem unterhält er ein Gehege mit Rotwild und ist passionierter Jäger.

In hauseigener Schlachtung werden hier Fleisch und Wurstwaren hergestellt und auf den Wochenmärkten in der Region verkauft. Doch damit nicht genug, sie betreiben außerdem Getreideanbau und Forstwirtschaft. Warum das alles auf einmal? Nur so kann Viktor Engel seine oberste Priorität verfolgen: nachhaltige, biologische Landwirtschaft, die in einen natürlichen Kreislauf eingebunden ist.

„WIR ARBEITEN MIT DER NATUR, NICHT AN IHR."

Seit 1992 bewirtschaften die Engels daher ihren Hof auch als bio-zertifiziertes Unternehmen und achten ganz besonders auf eine artgerechte Tierhaltung. „Wenn ich Tiere halte, dann habe ich vor allem die Verantwortung, dass es den Tieren gut geht", versichert Engel. Neben dem Angebot aus eigener Zucht bieten die Engels auch Wildspezialitäten an. Dafür ist Viktor Engel als passionierter Jäger selbst im Schönbronner Holz unterwegs.
Und auch die Jagd muss seiner Ansicht nach immer mit Achtung vor der Natur im Sinne der Einhaltung eines Gleichgewichts betrieben werden. Jagd rein aus Vergnügen oder der Trophäe wegen lehnt er strikt ab. Seit 2008 sind Gäste auch für Veranstaltungen wie Familienfeiern auf dem Naturhof Engel herzlich willkommen. In ihrem liebevoll restaurierten und zur Gaststube umgebauten Backhaus oder bei schönem Wetter auch im weitläufigen Garten leben die Engels schwäbische Gastfreundschaft. Außerdem veranstalten sie regelmäßig eigene kulinarische Events mit regionalen Spezialitäten, von Andrea und Viktor Engel selbst zubereitet mit den Produkten aus eigener Herstellung.

Ein besonderes Highlight sind sicher die Wildwochen im Herbst, bei denen die Gäste mit zartem Reh- und Wildschweinbraten aus eigener Jagd, Hirsch aus der Dübener Heide und Beilagen aus Biolandwirtschaft verwöhnt werden. Aber auch beim jährlichen Hoffest im Sommer, beim Kaffee im Grünen oder Brunch auf dem Bauernhof kann man sich gerne vor Ort von der Naturverbundenheit der Engels überzeugen.

Selbermachen

REHBRATEN
NACH GROSSMUTTER ROSA ENGELS ART

ZUTATEN

1-1,5 kg Rehkeule
1 Handvoll Wurzelgemüse
(bspw. Karotte, Sellerie, Lauch)
Salz
Butter
2 EL Tomatenmark
500 ml Wasser
200 ml Essig
300 ml Rotwein
10 schwarze Pfefferkörner
4-5 Wacholderbeeren
1 Lorbeerblatt
1/2 l Sahne
200 g Crème Fraîche
(oder Schmand)
1 EL Speisestärke
1 TL Zucker
1 EL Gemüsebrühe

Rehkeule mit Salz würzen und mit klein geschnittenem Wurzelgemüse in Butter von allen Seiten anbraten. Tomatenmark dazugeben. Mit Wasser, Essig und Wein ablöschen und anschließend Pfefferkörner und Wacholderbeeren zufügen. Je nach Größe des Fleischstücks 60 bis 75 Minuten köcheln lassen – bis das Fleisch gut durch ist. Die Hälfte der Soße abnehmen, mit der Sahne und Crème Fraîche verrühren und mit Speisestärke eindicken. Zum Schluss nach Belieben mit Zucker und Gemüsebrühe abschmecken.
Dazu schmecken Spätzle.

VIKTOR UND ANDREA ENGEL / Ortsstraße 4 / 74426 Bühlerzell-Schönbronn / Tel. 07974-372 / www.naturhof-engel.de

Honig und Getreideprodukte

BIO-IMKEREI FÄHNLE

KÖNIGSBRONN-ZANG

Claus Uwe und Helena Fähnle haben zur Hochsaison im Sommer circa 12,5 Millionen fleißige Mitarbeiter. Ihr Mitarbeiterstamm besteht aus dem in Deutschland drittwichtigsten Nutztier in der Landwirtschaft nach Rind und Schwein, denn sie führen seit 1998 erfolgreich eine inzwischen als Fachbetrieb zertifizierte Imkerei. Damit liefern sie nicht nur hochwertigen Honig in Bioqualität, sie leisten auch einen bedeutenden Anteil für die Natur und die Landwirtschaft in der Region, denn die Bestäubungsleistung der Bienen für Wild- und Kulturpflanzen ist nicht zu unterschätzen.

Aus Erfahrung wird man klug, sagt der Volksmund. Das erlebte auch der gelernte Agrarwirt Claus Uwe Fähnle. Als er nach abgeschlossenem Studium der Agrarwirtschaft die Landwirtschaft seines Vaters übernahm, konzentrierte er sich auf den Getreideanbau. Die kleine Imkerei, die sein Vater seit 1990 nebenbei betrieben hatte, führte er zunächst nicht weiter.

Doch schnell zeigte sich, dass sich die Abschaffung der Bienen stark auf die eigene Obsternte auswirkte, weil deren Bestäubungsleistung wegfiel. Also wurden 1998 wieder Bienen angeschafft und die Obsternte wurde größer, ebenso wie die Begeisterung der Fähnles für die hilfreichen Insekten. 2004 begannen sie mit dem Ausbau ihrer Imkerei und Schritt für Schritt wurde der Getreideanbau weniger und die Imkerei umfangreicher. Auch heute betreibt die Familie Fähnle immer noch Getreideanbau mit eigener Mühle und einer Spezialisierung auf Dinkelprodukte, doch mit den Bienen und ihren Produkten – verschiedene Honigsorten, Bienenwachs, Met oder Blütenpollen – betreiben sie ihr Hauptgeschäft. Der Großteil ihrer Bienenvölker befindet sich in 30 Kilometer Umkreis von Königsbronn-Zang. Von hier kommen die meisten Sorten, beispielsweise Raps-, Blüten- oder Waldhonig.

> „SO EIN BIENENVOLK IST EINE RICHTIGE SCHATZTRUHE. ES IST FASZINIEREND, WAS DIE ALLES SCHAFFEN KÖNNEN."

Für einige besondere Sorten wie Akazien- oder Edelkastanienhonig werden aber auch schon mal ganze Bienenvölker zur jeweiligen Saison bis in die Pfalz umgesiedelt. Denn um unterschiedliche reine Sorten zu erhalten, sind natürlich der Sammelort und die zeitliche Abfolge der Blüten ausschlaggebend. Bei der Bienenhaltung und Honigproduktion besteht viel Aufklärungsbedarf in Anbetracht dessen, was viele Menschen über Bienen und deren Produkte zu wissen glauben. Zur erfolgreichen Bienenhaltung gehört mehr, als sich einen Bienenstock in den Garten zu stellen. „Das Wohl der Bienen steht an erster Stelle", erzählt Herr Fähnle. Daher bieten er und seine Frau Imkereiführungen für Jung und Alt an – von Info-Veranstaltungen für Kindergärten bis hin zu Praxisworkshops für erfahrene Imker, für die man sich allerdings rechtzeitig anmelden sollte. Testen und probieren kann man die verschiedenen Sorten bei der Gelegenheit natürlich auch. Außerdem veranstalten sie regelmäßig ihr Frühstück auf dem Bauernhof, bei dem man in familiärer Atmosphäre mit einem umfangreichen Frühstücksbüffet, selbstgebackenem Brot aus eigenem Mehl und natürlich hausgemachtem Hefezopf mit Honigbutter bewirtet wird.

Doch damit nicht genug: Helena Fähnle ist inzwischen auch Fachberaterin für Bienenprodukte und gibt Workshops über die Weiterverarbeitung von Honig, Bienenwachs, Blütenpollen oder Gelée Royal, etwa in der Küche, in Kosmetik oder der häuslichen Gesundheitspflege. Fleißig wie ihre Bienen, möchte man sagen.

Selbermachen

BIENENKUSS
BALSAM FÜR SAMTWEICHE LIPPEN

8 TL KOKOSÖL
20 G BIENENWACHS
2 TL HONIG
10 BIS 20 TROPFEN
ORANGEN- ODER VANILLEÖL

ALLE ZUTATEN ERWÄRMEN,
GUT DURCHRÜHREN UND IN KLEINE DÖSCHEN
ODER LIPPENSTIFT-HÜLSEN FÜLLEN.

ABKÜHLEN LASSEN –
FERTIG!

BIO-IMKEREI FÄHNLE / Rosensteinstraße 15 / 89551 Königsbronn-Zang / Tel. 07328-4354 / www.bio-imkerei-faehnle.de

STRAUSSENFARM LINDENHOF

BÖHMENKIRCH

Denken wir an Strauße, dann denken wir an Afrika. Dabei sind die Vorfahren der heute lebenden langhälsigen Laufvögel dort erst vor knapp einer Million Jahre eingewandert. Entstanden sind sie vor circa 55 Millionen Jahren in Zentralasien, breiteten sich bis nach Westeuropa aus und lebten bis vor rund 10.000 Jahren noch im Raum Wien. Dann verschwanden sie aus nicht geklärten Gründen aus Europa. Bis heute.

Im idyllischen Böhmenkirch liegt der Lindenhof von Michael und Henrike Bosch. Er ist ein Teil des ehemaligen Burgbauernhofs der Burg Ravenstein und seit 1897 in Familienbesitz. Anfangs konzentrierten sich die Boschs auf die Milchwirtschaft, doch als sich 2005 andeutete, dass die Milchpreise in den Keller gehen, musste ein weiteres Standbein gefunden werden. Schnell reifte die Idee, es vielleicht mit einer Straußenfarm zu versuchen. Kein leichtes Unterfangen, denn um Strauße zu halten, bedarf es einer extra Fortbildung, die nicht Bestandteil der klassischen Ausbildung zum Landwirt ist.

Außerdem benötigt man spezielle Zäune, Ställe und vor allem ausreichend Auslauffläche. 2006 wurde der erste Versuch mit nur zehn Tieren im kleinen Rahmen gemacht und erst nach diesem Testlauf auf unbekanntem Terrain entschieden die Boschs, den großen Schritt zu wagen. 2007 begannen sie mit dem Ausbau des Hofes zur Straußenfarm, die inzwischen drei Ställe umfasst und durchschnittlich 250 bis 300 Strauße beherbergt. Hauptnahrungsmittel der Strauße ist auf dem Lindenhof zu 70 Prozent frisches Gras, zugefüttert wird ausschließlich selbst angebaute Ackerbohne. Auf Gen-Soja oder Antibiotika wird völlig verzichtet, um das Fleisch vollkommen frei von Schadstoffen zu halten. „Es geht uns nicht um die Massenproduktion, sondern um gesundes Fleisch", erzählt Frau Bosch.

„WIR HABEN EINFACH FREUDE AN DEN TIEREN."

Straußenfleisch hat die diätischen Eigenschaften von Geflügel, ist besonders fett- und cholesterinarm, außerdem natriumarm, hat dafür aber viel Eiweiß, einen hohen Eisengehalt und ähnliche sensorische Eigenschaften wie Rindfleisch.

Besonders gut eignet sich Straußenfilet übrigens zum Grillen. Rezeptideen findet man auf der Homepage des Lindenhofs oder auch im Rezeptbuch im Hofladen. Dort gibt es neben dem Fleisch und der von Familie Boschs Metzger des Vertrauens hergestellten Wurst auch die ausgeblasenen Eier, bemalt und unbemalt, Straußeneilampen, Staubwedel aus Straußenfedern, Lederwaren und vieles mehr. Der Besuch der Farm ließe sich auch wunderbar mit einer Feier in der ausgebauten Festscheune verbinden, die man für Hochzeiten, Geburtstage oder Betriebsfeiern mieten kann. Das aus dem Jahr 1897 stammende Gebäude haben die Boschs 2015 aufwändig restauriert, inklusive Gastraum mit Fußbodenheizung, Bar und hochwertiger Küche, um ideale Bedingungen für Veranstaltungen zu schaffen.

Wer mehr zum Thema Strauß und der Geschichte des Hofs erfahren möchte, der kann auch eine Führung über die Farm buchen, bei der man natürlich auch die Tiere erleben kann.

Allerdings nur fast hautnah, denn immerhin stammen die Tiere von den Dinosauriern ab und besitzen noch heute eine überaus scharfe Kralle zur Verteidigung, die nicht zu unterschätzen ist. Die hat Michael Bosch auch schon mal zu spüren bekommen. Aber dieses Risiko nimmt er gerne auf sich.

STRAUSSENFLEISCH VEREINT DIE DIÄTISCHEN EIGENSCHAFTEN VON GEFLÜGELFLEISCH MIT DEN SENSORISCHEN EIGENSCHAFTEN VON RINDFLEISCH.

IST FETTARM, HAT VIEL EIWEISS UND EINEN GERINGEN CHOLESTERINWERT.

UND DAS BEI EINEM RELATIV NIEDRIGEN NATRIUM- UND HOHEM EISENGEHALT.

Selbermachen

STRAUSSENFLEISCH RICHTIG ZUBEREITEN

FÜR STEAK UND FILET GILT:

- Fleisch quer zur Faser schneiden
- mit wenig Fett heiß anbraten
- je nach Stärke zwei bis fünf Minuten garen
- auf keinen Fall zu lange braten!
- mit einem leicht rosa Kern, also medium, schmeckt Straußenfleisch am besten

FÜR BRATEN UND GULASCH GILT:

- Bratenfleisch von allen Seiten anbraten, um die Poren zu schließen
- danach bei mittlerer Hitze langsam durchschmoren
- die Garzeiten entsprechen in etwa denen von Rindfleisch

MARINADE FÜR GEGRILLTE STRAUSSENSTEAKS

ZUTATEN

reicht für 4 Steaks

2 EL Zitronensaft
grob gemahlener schwarzer Pfeffer
2 Knoblauchzehen, sehr fein gehackt
2 Zweige Rosmarin, fein gehackt
1/2 Bund Thymian
4 EL Olivenöl

Alles gründlich vermischen und die Steaks damit bestreichen.
Anschließend in Folie wickeln und einige Stunden im Kühlschrank ziehen lassen.
Steaks gut abtropfen lassen, auf den Grillrost legen und nahe der Glut rasch von beiden Seiten anbraten.
Den Grillrost etwas höher befestigen und die Steaks unter mehrmaligem Wenden 3 bis 5 Minuten fertig grillen.
Nach Belieben mit Bier übergießen.

STRAUSSENFARM LINDENHOF / Lindenhof 1 / 89558 Böhmenkirch / Tel. 07332-5309 / www.bosch-lindenhof.de

Zinßer Mühle		6
Wielands Bierbrauerei		10
Jasi's-Cupcakelädle		14
Grünerlei und Ökonetz		18
Abele Rapsöl		22
Zumhofer Hausnudeln		26
Ver-edelt Fruchtaufstriche		30
Schwarz Coffee Shop		34
Wanners Eis-Café		38
Hofcafé Mangold		42
Manufaktur Jörg Geiger		46
Remstaler Senfmanufaktur		50
Demeter-Gärtnerei Wiedmann		54
Kaffeerösterei El Molinillo		58
Andreas B Manufaktur		62
Mosterei Seiz		66
Wagner Kartoffeln		70
Hohnhardter Demeterhöfe		76
Imkerei Zusenhof		80
Lammspezialitäten Köhrhof		84
Rattstadter Milch- und Käsehof		88
Forellenzucht Remsquelle		92
Jagsthof Bioland-Eier		96
Biolandhof Fauser		100
Der Waldeckhof		104
Naturhof Engel		108
Bio-Imkerei Fähnle		112
Straußenfarm Lindenhof		116

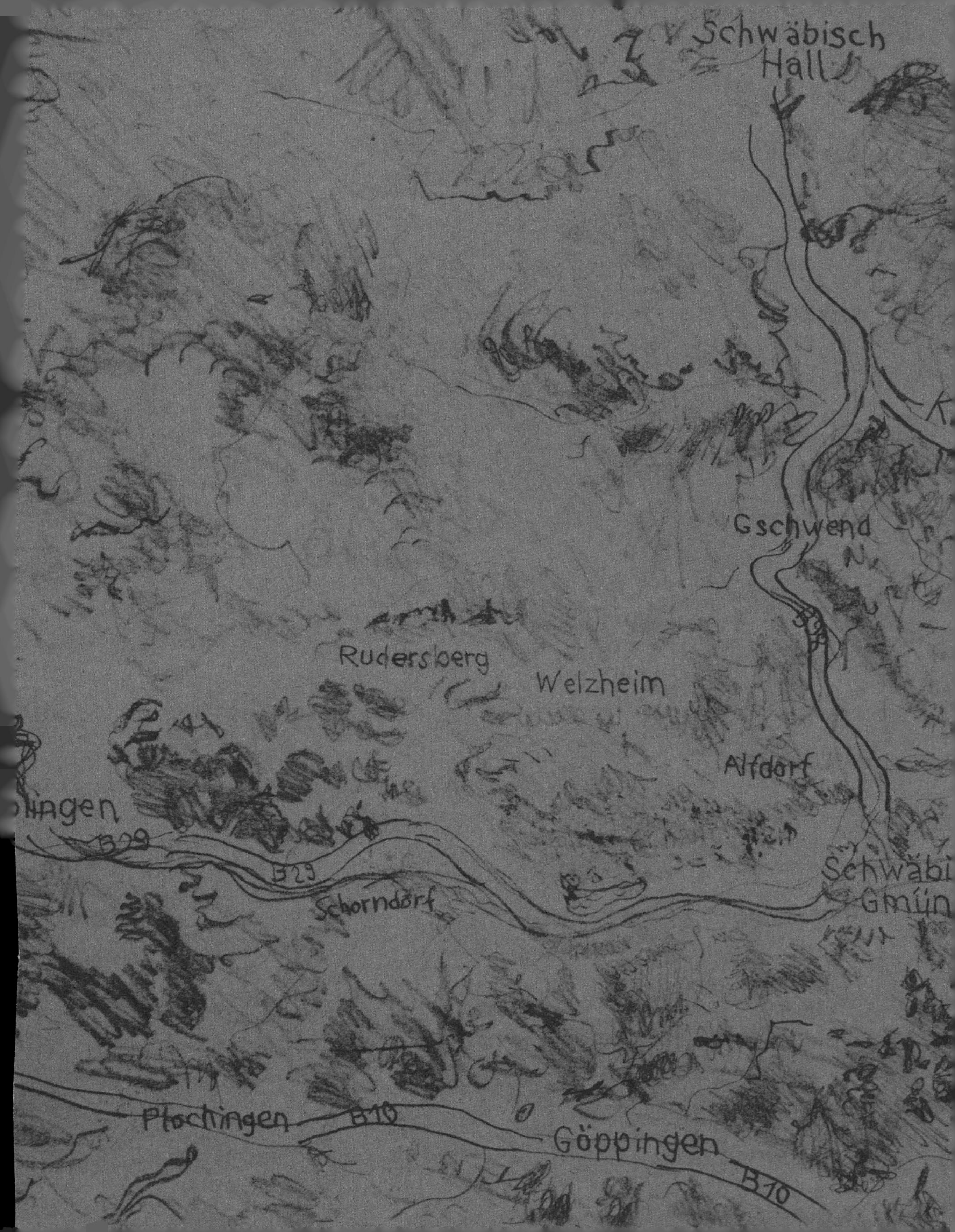

Schwäbisch
Hall

Gschwend

Rudersberg

Welzheim

Alfdorf

lingen

B29

B29

Schorndorf

Schwäbi
Gmün

Plochingen   B10

Göppingen   B10

Crailsheim

Dinkelsbühl

Jagstzell

Jagst

Ellwangen
(Jagst)

Buchen
Stausee

B19

Abtsgmünd

Lein

Westhausen

Bopfing

einzell

Aalen

Rems   Essingen

Heubach

Oberkochen

Brenz

A7

Heidenheim
an der Brenz

Klaus Martens	122	
RMS Design	126	
HolzArt Markus Thor	130	
EINS+ALLES Erfahrungsfeld	134	
Allgaeulilie	138	
Tilo Treuter Schmuck	142	
Zucker-Kunst Esi Jaeger	146	
FR Saddlery	150	
Alpakahof Kaut	154	
Gerti & Ralf Dostmann	158	

Brunner Lebensbetten	162
Unico Finest Leather	166
Alkie Osterland	170
Bernd Moosmann	174
Iris Schamberger	178
Klox	182
Rita Thoma	186
Eleona Naturseifen	190
Naseweiss	194
AMO-inForm	198
Gemeinschaft Tempehof	202

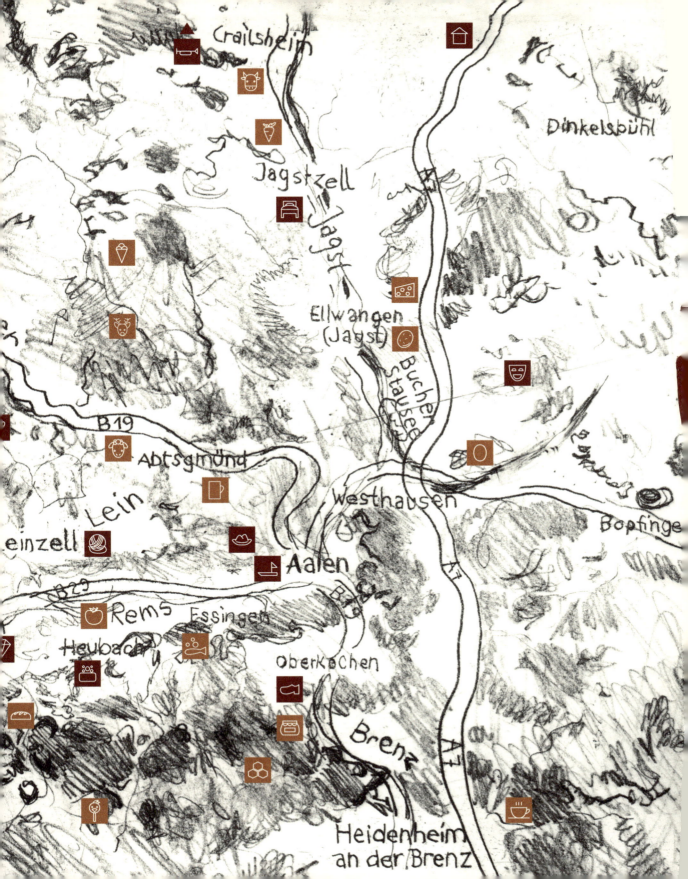

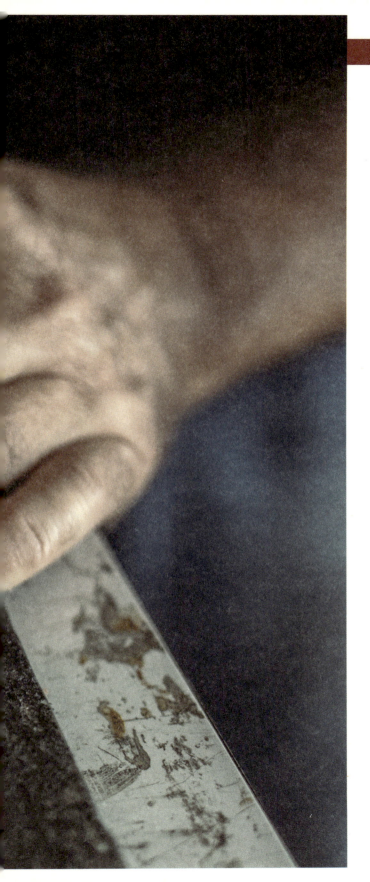

KUNST & HANDWERK

122	Klaus Martens
126	RMS Design
130	HolzArt Markus Thor
134	EINS+ALLES Erfahrungsfeld
138	Allgaeulilie
142	Tilo Treuter Schmuck
146	Zucker-Kunst Esi Jaeger
150	FR Saddlery
154	Alpakahof Kaut
158	Gerti & Ralf Dostmann
162	Brunner Lebensbetten
166	Unico Finest Leather
170	Alkie Osterland
174	Bernd Moosmann
178	Iris Schamberger
182	Klox
186	Rita Thoma
190	Eleona Naturseifen
194	Naseweiss
198	AMO-inForm
202	Gemeinschaft Tempelhof

Metallblasinstrumente aus Meisterhand

KLAUS MARTENS

SCHROZBERG

Klaus Martens ist Blasinstrumentenbauer aus Leidenschaft. Als Kind einer sehr musikalischen Familie hatte er von klein auf mit Musik zu tun und ist seit jeher davon fasziniert. „Die Musik hat mich gefangen genommen." Er selbst begann mit Trompete; es folgten die Posaune, dann die Tuba und einige weitere. Doch eine Musikerkarriere war ihm zu einseitig, er wollte etwas Handwerkliches tun – etwas, das die Musik überhaupt erst möglich macht. Daher gab es keine Alternative zur eigenen Werkstatt, in der jedes Instrument von ihm selbst gefertigt wird.

Martens machte seinen Meister zum Metallblas- und Schlaginstrumentenbauer in Ludwigsburg. So verschlug es ihn von Kevelaer in Nordrhein-Westfalen nach Baden-Württemberg. Die Gegend um Schrozberg lernte er während dieser Zeit durch die Bekanntschaft mit seiner heutigen Frau kennen und lieben. Hinzu kam ein ganz pragmatischer Grund: „Hier war Platz für einen Instrumentenbauer." Was die Immobilie und die trompetentoleranten Nachbarn, aber auch die Konkurrenz betraf.

Um Letzteres muss er sich heute keine Gedanken mehr machen, denn seine Instrumente erklingen inzwischen über die Grenzen Deutschlands hinaus. Kein Wunder, hat er doch bereits zwei Mal den Deutschen Musikinstrumentenpreis gewonnen, die höchste Auszeichnung, die es hierzulande für Musikinstrumentenhersteller gibt. Zuletzt 2017 für sein Flügelhornmodell Horaffia-AX.

Flügelhörner sind neben Trompeten im Übrigen seine Spezialität, was aber nicht heißt, dass er nicht auch andere Instrumente baut, manchmal sogar welche, die es noch gar nicht gibt, wie zum Beispiel ein Noryphon, eine Mischung aus Baritonsaxophon, Tenorsaxophon und Posaune. Doch die große Zeit der Erfindungen sei seit Ende des 19. Jahrhunderts eigentlich vorbei, sagt Martens.

„MITEINANDER ZUM ZIEL KOMMEN UND GEMEINSAM ETWAS SCHÖNES TUN."

Seine Aufgabe sieht er in der Optimierung bereits existierender Instrumente durch die ständige Weiterentwicklung seiner eigenen Modelle. Im Jahr baut er zwischen 50 und 60 Instrumente; inzwischen muss man auch mal bis zu einem Jahr auf ein eigenes Instrument warten. Aber das nehmen seine Kunden in Kauf. Sie wissen, dass sie durch Martens' handwerkliches Können und musikalisches Gespür am Ende ein ganz besonderes Instrument in den Händen halten. Der Bau von Instrumenten ist aber nur die Hälfte seiner Arbeit. Die andere Hälfte besteht aus Reparaturen und Wartungen von Blechblas- und Holzblasinstrumenten. Zudem führt Familie Martens einen Laden, der das ganze Spektrum für Blasorchester, also auch Schlaginstrumente, oder für die musikalische Früherziehung abdeckt. Denn das ist Klaus Martens ein ganz besonderes Anliegen: die Förderung des musikalischen Lebens in der Region, etwa als Dirigent beim Musikverein Niederstetten.

Außerdem hat er eine Scheune zum Schlagwerkstudio mit Ausstellungs- und Veranstaltungsraum umgebaut, in dem er Konzerte und Workshops für Anfänger bis Profis veranstaltet. Da kommt dann auch mal Stefan Huber von LaBrassBanda vorbei und gibt ein Seminar. Für absolute Neulinge veranstaltet Martens unter anderem Cajón-Kurse. Die peruanische Kistentrommel bietet auch für Musikanfänger einen einfachen Einstieg und weckt meist schnell Begeisterung für ein neues Hobby oder sogar die Motivation, ein weiteres Instrument zu erlernen. Und dann ist Martens zufrieden, denn das Schönste an der Musik ist für ihn das gemeinsame Musizieren.

WIE AUS EINEM STÜCK BLECH…

oben:
Grundlage für jedes Blechblasinstrument ist eine Blechtafel, auf die eine Form aufgezeichnet und anschließend mit einer Metallschere ausgeschnitten wird. Viel Erfahrung ist nötig, um dieses Blech nun so zu biegen und zu formen, dass daraus ein wohlklingendes Schallstück entsteht. Sind die aufeinandertreffenden Kanten des Blechs erst mal zusammen gelötet, wird der Rohling auf eine Stahlform gezogen, um ihm auf der Drückbank eine gleichmäßige, runde Form und eine schöne, glatte Oberfläche zu verpassen.

rechts:
Als Vorbereitung aufs anschließende Biegen wird das Material zunächst weichgeglüht.

Werkstattbesuch

…EIN SPIELBARES INSTRUMENT WIRD

oben rechts:
Verpochen nennt man das, was Klaus Martens da gerade tut. Zuvor wurde das Schallstück in Blei gebogen – das heißt, es wurde flüssiges Blei in das Rohr gefüllt, um dieses dann in Form zu bringen.

oben links:
Die Ventilknöpfe sorgen dafür, dass man mit einer Trompete unterschiedliche Töne erzeugen kann. Hier wird der so genannte Ventilstock zusammengesetzt. Ganze 35 bis 50 Stunden Arbeitszeit sind nötig, um ein solches Blechblasinstrument herzustellen.

KLAUS MARTENS / Nonnenwaldstraße 10 / 74575 Schrozberg / Tel. 07935-72023 / www.martens-blasinstrumente.de

SchüScha und Brieföffner

RMS DESIGN
DURCH KOMMUNIKATION ENTSTEHT BEWEGUNG

SCHWÄBISCH GMÜND

RMS, das steht für Rudolf Michael Scheffold. Und Rudolf Michael Scheffold steht für Design als Zeichen. Zeichen der Kommunikation und der Bewegung. Für ihn geht es nie um den Einzelnen, sondern immer auch um den Anderen, um den Austausch und die Dynamik zwischen den Menschen. Für den Ausdruck dieser wesentlichen Qualität des Menschseins findet er immer wieder verblüffende Formen. „Die Natur weist dabei den Weg." Zwei für ihn repräsentative Beispiele sind ein besonders ergonomisches Design für Brieföffner und die von ihm konzipierte SchütteSchale.

Scheffold geht es bei seinem Design ganz besonders darum, ein Wohlgefühl zu erzeugen, das für ihn auch zentral für den Heimatbegriff ist. „Heimat ist da, wo ich mich wohl fühle." Wie etwa bei seinem Brieföffner, der das Öffnen eines Briefes durch den Gebrauch eines Werkzeuges ritualisiert und den Vorgang dadurch bewusster macht. Diese Sorgfalt führt zu einer größeren Wertschätzung dieses Aktes der Kommunikation.

Das Werkzeug muss, erklärt Scheffold, gut in der Hand liegen, sodass Hand und Werkzeug eine Einheit bilden. „Wie ein zum Messer gewordenes Schilfblatt, eine archetypische Form, ein Hightech-Faustkeil." Seine SchüScha, eine besonders gestaltete Schale, die sich an der konkaven Form der Hand bei der Geste des Gebens orientiert, ist für ihn ein „Kultobjekt".

Sie hat keine wirkliche Standfläche, läuft spitz zu, ist damit von sich aus in Bewegung, fördert und fordert schon durch ihre Gestaltung den Austausch zwischen den Menschen. Seine Schale versteht er als „Kommunikationsdisplay", da sie dafür bestimmt ist, einem Gegenüber Dinge zu präsentieren und zu übergeben. Sowohl bei der Firma Schwenk Raumausstattung und bei Röttele Männermode in Schwäbisch Gmünd als auch im SchwäPo Shop in Aalen bietet sich die Gelegenheit, die Produkte von RMS Design kennenzulernen, im wahrsten Sinne des Wortes zu begreifen und natürlich auch zu erwerben.

„DESIGN MUSS DEM BENUTZER ENTGEGENKOMMEN. DIESER DIALOG EBNET DEN WEG FÜR ETWAS NEUES IM TÄGLICHEN LEBEN."

Er arbeitet häufig mit Metall, auch nutzt er gerne natürliches Material wie Holz als Sinnbild für das Wachsen, was für ihn ebenfalls für den Vorgang einer analogen Kommunikation steht. Dabei bevorzugt er heimische Hölzer mit besonderen Maserungen. Die Kernbuche zum Beispiel oder auch den erst durch König Wilhelm I. im 19. Jahrhundert heimisch gewordenen Mammutbaum. Für Scheffold ist dieser „Fremde" heute in der heimischen botanischen Welt gut integriert.

Scheffold machte seine Ausbildung zum Designer für „Schmuck und Gerät" an der Hochschule für Gestaltung in Schwäbisch Gmünd. Später studierte er Technologie an der Hochschule in Aalen, machte seinen Master mit Produktionstechniken am Royal College of Art in London und kehrte in den 90ern als Dozent zurück an die Hochschule in Schwäbisch Gmünd.

„Gerät-Design", das sich im Wesentlichen auf Silber im Sinne der Tradition des Tafelsilbers bezieht, wird dort mittlerweile nicht mehr gelehrt, Herr Scheffold aber ist geblieben und setzt mit der SchüScha und seinem Brieföffner die Gmünder Tradition des Gerät- und Silberdesigns nicht nur fort, sondern bringt sie auch durch Werkstoffvielfalt und eine moderne Formsprache auf neue Wege.

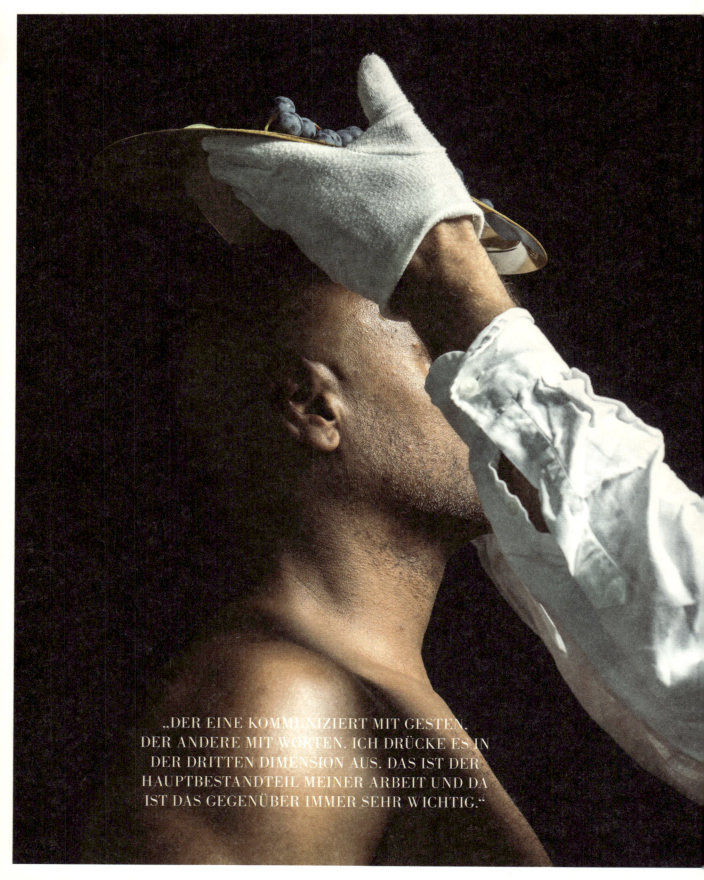

„DER EINE KOMMUNIZIERT MIT GESTEN, DER ANDERE MIT WORTEN. ICH DRÜCKE ES IN DER DRITTEN DIMENSION AUS. DAS IST DER HAUPTBESTANDTEIL MEINER ARBEIT UND DA IST DAS GEGENÜBER IMMER SEHR WICHTIG."

Im Fokus

RMS DESIGN / Rudolf M. Scheffold / 73525 Schwäbisch Gmünd / Tel. 07171-62710 / www.rms-gmuend.de
SchüScha Model: Karim Georges Bideau

Alles aus Massivholz

HOLZART MARKUS THOR

KILLINGEN

In Markus Thors Werkstatt stehen Teile von Feldkreuzen, Treppenpfosten, die traditionell aussehen und bei genauem Hinsehen doch wieder nicht, ein paar schauerlich schöne Fastnachtsmasken hängen an der Wand und ein bisschen versteckt kann man auch die Skulptur eines Kobolds entdecken. In seinem Bücherregal stehen Bücher über Magrit, Rodin oder den Barock neben solchen über traditionelle Bauernmöbel. Markus Thor ist nicht leicht einzuordnen – und genau das möchte er auch.

Markus Thor macht „alles aus Massivholz" und deckt dabei zahlreiche Bereiche ab, egal ob Zimmermanns-, Schreiner- oder Kunsthandwerk. Besonders interessieren ihn bei seiner Arbeit Asymmetrien und Kontraste. Die können sich ganz unterschiedlich ausprägen. Nahtlos setzt er am selben Stück gebrochene Kanten und geschliffene Flächen oder grobe Geländer an glatte Treppenstufen und spielt dabei mit den unterschiedlichsten Epochen und Einflüssen. „Es gibt nichts, was nicht auch etwas anderes streift", sagt er.

Nichts steht jemals für sich alleine, alles beeinflusst sich gegenseitig. Dadurch möchte er auch bewusst den heute so schnellen Trendwechseln entfliehen. Wenn etwas nicht einzuordnen ist, dann kann es auch nicht altmodisch werden. Dadurch sind seine Arbeiten besonders individuell und genau das suchen und finden Interessenten bei ihm. Aufgewachsen ist er in einem landwirtschaftlichen Betrieb und erlebte dort seine ersten handwerklichen Lehrjahre bei Großvater und Vater, die am Hof ihre handwerklichen Arbeiten selbst verrichteten, wo immer das möglich war. „Wenn man's selber macht, muss man's nicht kaufen", erinnert er sich. Vielleicht führte das zunächst zur ganz und gar bodenständigen Glaserlehre. Privat war er aber immer fasziniert, wenn jemand aus einem Stück Holz etwas Dreidimensionales gestaltete.

„HOLZ WAR SCHON IMMER MEINE LIEBE."

Viele Jahre fertigte er als Hobby kreative Arbeiten aus Holz für sich selbst und für Bekannte, dann als Nebengewerbe und schließlich gab er nach 20 Jahren seinen Glaserberuf auf, um unabhängig und selbständig als Schreiner und Kunsthandwerker zu arbeiten. Das reine Handwerk blockierte ihn in seiner Kreativität.

„Bautätigkeit und die kreativen Holzarbeiten passen nicht zusammen. Man muss auch die mentale Einstellung für filigrane Formen haben." Fortan konzentrierte er sich ausschließlich auf Holz, lehnte sich immer wieder aus dem Fenster und stellte sich neuen, unbekannten Aufgaben.
So ergab es sich auch, dass er eines Tages seine ersten Fastnachtsmasken für einen Verein anfertigte. Heute gehört das zu seinem jährlichen Geschäft. Die Auseinandersetzung mit den Traditionen, Sagen und Legenden, die hinter diesen Masken stecken, begeistert ihn bis heute. Oft ist er es, der die mythologischen Hintergründe recherchiert und den Vereinen neue Möglichkeiten eröffnet, die weit über die klassische Hexen- oder Teufelsmaske hinausgehen. Stark damit verbunden ist auch seine Idee von Heimat, denn dabei geht es für ihn nicht nur um den Ort, sondern um die Leute, die Lebensweise, die Traditionen und Geschichten… und das Holz.

Die Eiche hat es ihm besonders angetan. Ein Großteil seiner Arbeiten ist aus diesem Holz. Nicht nur, weil es so stabil und wetterbeständig ist. Die Eiche ist ein Teil Heimat und man spürt seine Ehrfurcht, wenn er davon erzählt, dass diese Bäume, mit denen er heute arbeitet, schon Generationen vor ihm Wurzeln geschlagen haben.

Exkurs

DIE SAGE VOM GRENZWALLTEUFEL

Der Teufel bat einst den lieben Gott um ein Stück Land, so groß, dass er es in einer Nacht mit Mauer und Graben umgeben könne. Die Bitte wurde ihm gewährt.

Eifrig machte er sich mit seinen Gesellen, alle in Gestalt von Wildschweinen, ans Werk. Sie arbeiteten stürmisch drauflos, wühlten und gruben mit aller Kraft, doch sie hatten sich zuviel vorgenommen und waren lange nicht fertig, als der erste Hahnenschrei den anbrechenden Tag verkündete.

Aus Ärger über das Misslingen seines Planes zerstörte der Teufel das unfertige Werk. Und so hieß der Limes im Volksmund fortan „Teufelsmauer" und „Sau-" oder „Schweinsgraben" und der Platz, wo der Teufel den Hahn krähen hörte, heißt noch immer der „Göckeler"

Aus: „Deutsche Sagen, Sitten und Gebräuche aus Schwaben", Ernst Meier.
Stuttgart, J.B. Metzler, 1852.

MARKUS THOR / Von-Drey-Straße 13 / 73479 Killingen / Tel. 0172-7187876 / www.holzartonline.de

Besondere Erlebnisse

EINS+ALLES
ERFAHRUNGSFELD DER SINNE

WELZHEIM

Man sagt, der Mensch habe fünf Sinne. Manche sprechen auch von zwölf. In jedem Fall kann er weit mehr als nur sehen, hören, riechen, schmecken und tasten – und erkundet auf diese Weise die Welt, die ihn umgibt. Diese Welt ist heute vor allem visuell geprägt. Doch die Wahrnehmungen, mit denen die eigenen Sinne einen bisweilen überraschen, können deutlich vielfältiger sein: Wie klingt beispielsweise ein Nagellabyrinth, wenn eine Glasmurmel hindurch rollt – wovon hängt der sich verändernde Ton ab? Wie steht es mit der Balance, wenn man sich auf die Bewegungen des Anderen auf einer Balancierscheibe einstellen muss? Im Erfahrungsfeld der Sinne bei der Welzheimer Laufenmühle kann man den Zauber intensiven Wahrnehmens staunend entdecken.

Wer EINS+ALLES entdecken will, steigt zuallererst aus: aus dem Alltag, aus einseitigen Sinnesreizen, aus dem rasenden Zeitempfinden. Und mit Neugier taucht man dann in die Welt der Wahrnehmung ein und wird reich belohnt: mit Perspektivenwechseln, mit dem Staunen über die überraschenden Fähigkeiten unserer Sinne, mit Erlebnissen, die durch ihre Unmittelbarkeit und einfache Intensität zu bleibenden Erfahrungen werden.

Eingebettet in die Idylle des Schwäbischen Waldes breitet sich eine Vielfalt von Land-Art-, also Naturkunst, und Sinnes-Stationen aus. Die über 100 Stationen laden zum Ausprobieren und aktiven Entdecken ein oder wirken einfach inspirierend.

Mal tanzen bunte Bänder zwischen den dichten Baumstämmen im Wind. Tongebilde wuchern wie Pilze über einen gefällten Baum. Im Wald trifft man auch auf bekannte Gesichter – aus Holz versteht sich. Und was sich wohl hinter der Tür verbirgt? Weil all diese Kunstwerke naturgemäßen Veränderungen unterworfen sind, lohnt sich auch ein zweiter und dritter und vierter Besuch – mit Lust auf Neues und mit der Erinnerung an dort bereits genossene Tage, die einem Kurzurlaub gleichkommen.

„WER EINMAL DORT GEWESEN IST, KOMMT WIEDER."

Die Idee dahinter: Menschen entwickeln sich vor allem dann gut, wenn sie alle ihre Sinne gleichmäßig anregen und anwenden. Davon war auch der Künstler und Pädagoge Hugo Kükelhaus überzeugt, der in den 60er Jahren verschiedene Stationen und Geräte zur Sinnesschulung und Wahrnehmungsförderung entwickelte – das erste Erfahrungsfeld zur Entfaltung der Sinne. Dieter Einhäuser, Vorstand der Christopherus Lebens- und Arbeitsgemeinschaft Laufenmühle e.V., hatte schließlich die Idee, ein solches Erfahrungsfeld als Werkstatt für behinderte Menschen zu betreiben. „Sein Anliegen war es, das Thema Inklusion weiter voran zu bringen", berichtet Pressesprecherin Daniela Doberschütz von den Anfängen des Projektes EINS+ALLES, das 2017 den ersten runden Geburtstag feierte.

Es bietet Arbeitsplätze für Menschen mit Behinderung – im Café-Restaurant molina, in der hauseigenen Bio-Kaffeerösterei, in der Besucherbetreuung oder in der TierOase. Gleichzeitig ist es ein Ort für Begegnungen und spannende Perspektivenwechsel. „Das Schöne ist, dass hier Menschen mit und ohne Behinderung ganz spontan und dadurch vollkommen authentisch aufeinandertreffen", findet Daniela Doberschütz. So werden zugleich Sinneserfahrungen gesammelt und Berührungsängste abgebaut.

135

Im Fokus

„HIER KANN MAN SICH VON DEN EIGENEN WAHRNEHMUNGEN ÜBERRASCHEN LASSEN."

EINS+ALLES – ERFAHRUNGSFELD DER SINNE / Laufenmühle 8 / 73642 Welzheim
Tel. 07182-800777 / www.eins-und-alles.de

Mode- und Lifestyle-Manufaktur

ALLGAEULILIE

RECHBERGHAUSEN

Immer dann, wenn auf dem Cannstatter Wasen die Schausteller und Gastronomen zum Frühlings- und Volksfest aufschlagen oder die fünfte Jahreszeit ansteht, werden Dirndl und Lederhose aus dem Schrank gekramt. „Ich glaube, die meisten sehen Trachtenmode in unserer Region eher als Verkleidung an", vermutet Heike Berger – und findet das ziemlich schade. Gemeinsam mit ihrem Mann Alexander möchte sie daran etwas ändern, möchte für mehr alpines Lebensgefühl im Alltag und außerhalb der Festzeiten auch in unseren Gefilden sorgen. Frei nach dem Motto „Tracht meets Lifestyle"!

„Wie das Ganze entstanden ist? Schon aus dem Hobby raus irgendwie", erinnert sich Heike Berger. Sie habe mal ein Dirndl, mal eine Tasche genäht. Freunde und Verwandte seien begeistert gewesen und so flatterten die ersten inoffiziellen Aufträge ins Haus. Inspiriert vom Allgäu, von den Traditionen dort, der idyllischen Landschaft verarbeitete sie damals hauptsächlich Wollfilz zu verschiedenen Taschenmodellen und Accessoires. Gestickte Schriftzüge machten die handgearbeiteten Stücke komplett. Das ist jetzt über acht Jahre her. In der Zwischenzeit hat sich natürlich einiges getan.

Unter anderem kam Leder als weiterer Werkstoff hinzu und damit auch neue Veredelungstechnologien. „Ledertaschen kann ja quasi jeder – wir wollten etwas machen, das es so in der Form noch nicht auf dem Markt gibt", erzählt Alexander Berger und gesteht schmunzelnd: „Als wir uns für die Lasertechnologie entschieden haben, kam schon ein bisschen der schwäbische Tüftler durch!"

Im Vergleich zum Prägen eröffne das Lasern von Leder ganz andere Möglichkeiten bei kleinen Stückzahlen. „Man muss nicht erst das Prägewerkzeug anfertigen lassen, sondern arbeitet mit digitalen Grafikdateien, die viel flexibler und individueller abgewandelt werden können", beschreibt er.

„WIR HABEN MIT DER TASCHE ANGEFANGEN UND BAUEN DIE MODE JETZT DRUMRUM."

Mit dem unbehandelten Leder aus dem Allgäu musste dann erst mal experimentiert werden, um ein optimales Ergebnis zu erzielen. „Leder ist kein homogenes Material. Außerdem muss man darauf achten, dass das Leder nicht zu dünn wird", erklärt der Diplom-Ingenieur.
Inzwischen haben die Eheleute den Dreh raus und feilen an immer neuen Kreationen auch aus anderen Materialien – für die eigene allgaeulilie-Kollektion, aber auch als Dienstleister für andere Unternehmen, die Wert auf individuelle, regional gefertigte Werbeträger legen. „Ein eigenes Trachten- und Modehaus war für uns einfach der nächste logische Schritt", berichtet Heike Berger vom aktuellsten Projekt. Der kleine Show- und Verkaufsraum im Untergeschoss des eigenen Wohnhauses zieht Ende 2017 um in das derzeit im Bau befindliche eigene Wohn- und Geschäftshaus im Herzen von Rechberghausen.

Neben den Eigenprodukten wird es hier auch modern-traditionelle Trachtenmode sowie alles für den alpinen Lifestyle geben. Ein Trachtenmieder zur Jeans – für Heike Berger ist das kein Widerspruch, sondern einfach schick und die zeitgemäße alpin-moderne Version dieser traditionellen Garderobe.

Eine individuelle Stilberatung ist im designorientierten Laden natürlich inklusive und für einen passenden Rahmen sorgt die spannende Kombination von Altholz, Glas und Beton. Da wird Einkaufen zum Erlebnis!

WIE TRÄGT MAN TRACHT RICHTIG?

ACCESSOIRES

- Trachtenhut und Charivari

HEMD, WESTE UND STRICKJACKE

- Langarm-Hemd
- klassisches, weißes Trachtenhemd mit Biesen und Hirschhornknöpfen oder mit Vichy-Karo
- darüber eine ärmellose Trachtenweste, Strickjacke oder Janker

LEDERHOSE

- aus Hirschhaut
- Rehbockhosen und Ziegenlederhosen sind günstiger
- stramm an den Oberschenkeln
- Krachledern, über dem Knie
- Eichen- oder Weinlaub-Stickerei

STRÜMPFE

- lange Stricksocken
- Loferl: Wadenwärmer mit passenden Füßlingen

SCHUHE

- Haferl-Schuhe

Sachkunde

HAARE
- klassische Flechtfrisur
- hochgesteckt

DIRNDLBLUSE
- Trachtenbluse aus Seide, Wolle oder Baumwolle
- hochgeschlossen oder tief ausgeschnitten

OBERBEKLEIDUNG
- Strickjacke
- kurzer Janker

DIRNDLKLEID
- einfarbig oder gemustert
- Leinen, Seide, Baumwolle
- bis zum Knie

ACCESSOIRES
- echte Trachtentasche aus Leder oder Wollfilz

STRÜMPFE
- traditionelle Strickstrümpfe
- Strumpfhose

SCHUHE
- Trachtenpumps

LEDIG

VERGEBEN

JUNGFRAU

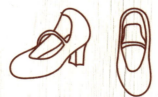

ALLGAEULILIE / Kernerstraße 17 / 73098 Rechberghausen / Tel. 07161-12671 / www.allgaeulilie.de

Schmuckdesign und Goldschmiede

TILO TREUTER SCHMUCK

SCHWÄBISCH GMÜND

Das Familienunternehmen Treuter designt und fertigt individuellen Schmuck, graviert von Hand und wartet mit einem eigenen Gutachterlabor für Diamanten und Farbedelsteine auf. In Sachen Schmuck kann ihnen selbst am Gold- und Silber-Standort Schwäbisch Gmünd kaum einer etwas vormachen. Sie wissen genau, was sie an ihre Kunden weitergeben, denn bei Familie Treuter handelt es sich nicht einfach um ein normales Schmuckgeschäft, hier wird mit jahrelanger Erfahrung und modernster Technik Schmuck kreiert, hergestellt, beurteilt und bearbeitet.

„Wir sind die Selbermacher schlechthin." Für Tilo Treuter ist das nicht nur ein Versprechen, es war für ihn die ursprüngliche Motivation, den Beruf des Goldschmieds zu ergreifen, noch bevor er den Gravurbetrieb seines Vaters, den die Mutter bereits zum Schmuckgeschäft erweitert hatte, übernahm. Im Zuge der Ölkrise 1973 musste er miterleben, wie Handwerksbetriebe, Zulieferer, aber auch Kunden seines Vaters in die Pleite gingen. Auf einer jugendlichen Selbstfindungsmission in den Wäldern Finnlands formte sich aus diesen Erfahrungen der Entschluss, einen Beruf zu ergreifen, der vollkommen unabhängig ausgeübt werden kann.

Also durchlief er eine fundierte handwerkliche Ausbildung zum Goldschmiedemeister und ein Studium des Schmuckdesigns an der damaligen Fachhochschule in Gmünd. Als er 1979 die Leitung des Schmuckateliers übernahm und das Familienunternehmen schließlich käuflich erwarb, wurde aus dem ehemaligen Gravur- und Handelsgeschäft eine edle Schmuckmanufaktur, in der 80 Prozent im Haus entworfene und gefertigte Schmuckstücke angeboten werden.

„ICH LIEBE DIE NATUR. SIE IST DIE QUELLE MEINER INSPIRATION."

Seit 2015 ist auch Sohn Christoph immer mehr involviert und inzwischen für die Kollektionen mitverantwortlich, da er ganz neue Sichtweisen und technische Innovationen einfließen lässt. So obliegt ihm zum Beispiel das CAD-Modelling, also Computer unterstützte Designs, die über 3D-Druck-Prototypen ganz neue Gestaltungsmöglichkeiten bieten.

Neben seinem Studium der Wirtschaftswissenschaften arbeitet auch er an seiner Ausbildung zum Goldschmied und ist, wie der Vater, Diamantgutachter und Gemmologe. Denn nichts ist bei den Treuters wichtiger als handwerkliche Perfektion und Kompetenz: „Wir sehen uns nicht als Künstler, wir möchten lediglich handwerklich präzise Arbeit leisten", betont Tilo Treuter, denn der Kunde steht im Mittelpunkt. Etwa die Hälfte der Stücke sind Auftragsarbeiten für Menschen, die etwas ganz Besonderes für die schönsten Momente suchen – vom feinen Antrags- oder Trauring bis hin zum extravaganten Diamantcollier.

Da ist es wichtig, die Emotionalität in so einem Schmuckstück zu verstehen. Daher beschäftigen sich die Treuters ausgiebig mit den Vorstellungen ihrer Kunden, um deren Persönlichkeit im Schmuckstück einfangen zu können. „Wir wollen dem Kunden nicht unsere Ideen aufdrängen. Die Kunden bekommen ihr Thema aus unserer Sicht interpretiert." Wenn Vater und Sohn über ihre Zusammenarbeit reden, geht es immer wieder um besondere Perspektiven, das bewusste Sehen der Natur, das Wahrnehmen und Erkennen von Formen. Eine Sensibilität für das Detail, die sich stets in ihren Designs widerspiegelt. Ein Prinzip, das Tilo Treuter seit jeher zu neuen Kreationen anregt.

TRADITION AM PULS DER ZEIT

oben:
Tradition trifft Zukunft. Unterstützt von CAD und 3D-Druck entsteht im Meisteratelier eine Garnitur in Gold mit Boulder-Opalen und Diamanten.

unten:
Prüfung eines naturfarbenen Diamanten unter dem Spezial-Diamant-Mikroskop.

Werkstattbesuch

„SCHMUCK IST IMMER MIT
POSITIVEN EMOTIONEN VERBUNDEN:
DER FREUDE SICH ZU SCHMÜCKEN
ODER DEM GUTEN GEFÜHL, EINE ERINNERUNG
AN BESONDERE MOMENTE ZU TRAGEN –
ETWAS, DAS BLEIBT. DAS IST ES, WAS UNS
ANTREIBT UND UNS TÄGLICH GROSSEN SPASS
BEI UNSERER ARBEIT BEREITET."

TILO TREUTER SCHMUCK / Höferlesbach 8 / 73525 Schwäbisch Gmünd
Tel. 07171-69308 / www.tilotreuter-schmuck.de

Essbare Kunstwerke

ZUCKER-KUNST ESI JAEGER

SCHORNDORF

Der ghanaische Mädchenname Esi bedeutet „am Sonntag geboren". Dieser besondere Wochentag ist doch irgendwie prädestiniert fürs Kuchenessen! Gemütlich beim Kaffeekränzchen mit der Familie oder Freunden. Vielleicht ist das jetzt ein bisschen weit her geholt, aber es hat schon etwas Schicksalhaftes, dass Esi Jaeger, eine am Sonntag Geborene, das Kuchengestalten zu ihrem Beruf gemacht hat. Okay, Kuchen ist wirklich die falsche Bezeichnung für das, was sie in ihrem kleinen, aber feinen Atelier in der schönen Schorndorfer Altstadt zaubert. Zucker-Kunst trifft es tatsächlich deutlich besser.

Täuschend echt sehen die in den Glasvitrinen ausgestellten Blumenarrangements aus. Selbst winzigste Details wie Blütenstempel wurden nicht vergessen und mit so viel Detailliebe gefertigt, dass man meinen könnte, dass da echter Blütenstaub dran klebt. „Ich möchte Blumen herstellen, die so naturnah wie möglich aussehen", formuliert Esi Jaeger ihr Ziel. Dafür braucht es ein gutes Auge, vor allem aber auch richtig viel Fingerfertigkeit.

Es erinnert ein bisschen an vorweihnachtliches Plätzchenbacken, wenn sie beginnt zu arbeiten. Es wird ausgerollt, ausgestochen und verziert. Einziger Unterschied: Es entstehen keine knuspringen Kekse, sondern höchst filigrane Artefakte.
Der Fantasie sind dabei keine Grenzen gesetzt, denn neben Zucker-Blumen kann Esi Jaeger selbstverständlich auch Zucker-Menschen, -Tiere und -Dinge kreieren. Ein ganzer Ordner mit Fotos ihrer Werke zeugt von der enormen Bandbreite ihrer Arbeit. Der „Sugar Chair", ein lebensgroßer, knallbunter Stuhl, der Teil einer Master-Arbeit war, sei ihr bislang verrücktester Auftrag gewesen. Der passte dann leider nicht auf eine der leckeren Torten, die Esis Zucker-Kunstwerke normalerweise umrahmen.

> „DAS HERZBLUT, DAS IN MEINE KUNSTWERKE FLIESST, KOMMT ALS LOB UND DANK VON MEINEN KUNDINNEN UND KUNDEN ZURÜCK. DAS IST EIN GROSSES GESCHENK."

Selbst gebackene Biskuitböden kombiniert mit ebenfalls selbst hergestellten Füllungen machen aus den Augenweiden echte Leckerbissen. Und weil Geschmack und Qualität für Esi Hand in Hand gehen, landen in der Rührschüssel nur ausgewählte Zutaten: Bio-Vollrohr-Zucker, Bio-Süßrahmbutter, Bio-Milch, fair gehandelte Mangos und Bananen aus dem Weltladen etwa. „Eine Erdbeer-Füllung gibt's bei mir nur im Sommer, wenn es im Remstal frische Erdbeeren gibt", erklärt sie das Konzept. Schließlich soll eine Torte nicht nur schön aussehen – sie müsse auch schmecken. Selbst Allergiker, Veganer oder Menschen mit speziellen religiösen Speisevorschriften kommen übrigens nicht zu kurz.

Nicht nur Esi Jaegers Vorname ist afrikanischen Ursprungs. „Ich bin in Ghana in Westafrika aufgewachsen", erzählt sie und sagt weiter: „Oft werde ich gefragt, wie ich als Afrikanerin zu dieser Tortenkunst kam. Dann erkläre ich, dass Ghana britische Kolonie war. So kam „English Cake Decoration" in unser Land."
Seit 1998 lebt Esi Jaeger mit ihrem Mann Martin im schwäbischen Schorndorf. „Hier in Deutschland wollte ich Wurzeln schlagen. Ich bin ja nicht als Touristin hergekommen. Dass ich allerdings mal ein eigenes Geschäft haben würde, das war so nicht geplant", schmunzelt sie.

147

BLUMEN AUS ZUCKER

links:
Blumen sind bunt – und deshalb muss zuallererst die Grundmasse eingefärbt werden. Die Basis für diesen „Blumen-Teig" bildet übrigens – das sollte keine Überraschung sein – Puderzucker.

unten:
Wie beim Plätzchenbacken zu Hause wird die Masse zunächst ausgerollt, bevor die grobe Form der Blütenblätter ausgestochen wird.

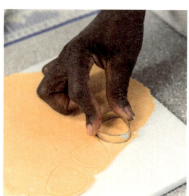

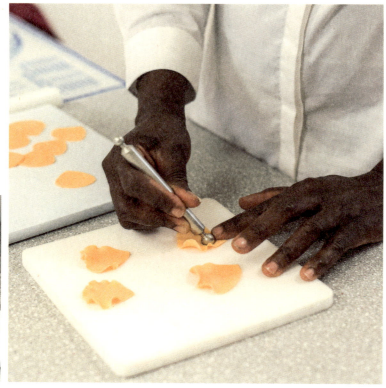

oben:
Da es Esi Jaegers Anliegen ist, möglichst naturnahe Zucker-Blumen zu fertigen, bekommt nun jedes einzelne Blatt seine individuelle Gestalt.

Im Fokus

oben:
Die geformten Blütenblätter werden anschließend einzeln um den Stängel gewickelt und drapiert.

rechts:
Fertig ist die stolze Rose mit 16 Blütenblättern!

Torten und Gesundheit? Das sagen Esi und Martin Jaeger:

„Gesundheit und die Sorge für langfristiges Wohlbefinden sind wichtige Themen für uns. Deshalb kommt kein raffinierter Zucker in unsere Produkte! Wir verwenden keine chemischen Zusätze, kaufen möglichst bio und regional ein. Mit interessierten Kundinnen und Kunden sprechen wir über die Ernährungs-Pyramide. Die meisten sind sich nicht bewusst, dass die Basis ausreichend gutes Wasser sein muss. Wasser ist unser wichtigstes Lebensmittel und wir zeigen auf, wie man das immer stärker belastete Leitungswasser in Quellwasser-Qualität verwandeln kann. Wie die Makronährstoffe verteilt werden müssen, damit sie zu unserem Körper passen, zeigen uns unsere Gene. Daher vermitteln wir eine Gen-Analyse, verbunden mit einer Beratung zur personalisierten Ernährung. So werden die verzweifelten Diät-Versuche überflüssig, und der Genuss einer guten Torte erzeugt kein schlechtes Gewissen. Unsere Torten und anderen Produkte gehören in die Spitze der Ernährungs-Pyramide. Und was ist schon eine Pyramide mit abgebrochener Spitze?"

ZUCKER-KUNST - ESI JAEGER / Burgstraße 30 / 73614 Schorndorf / Tel. 07181-606840 / www.zucker-kunst.de

Sättel und Zaumzeug

FR SADDLERY

AALEN-OBERROMBACH

Um ein guter Sattler zu werden, muss man sich sowohl in der Lederver- und -bearbeitung als auch in Färbetechniken, Veredelung und vor allem der Anatomie von Pferden auskennen. „Hintergrundwissen ist wichtig, wenn man ein vernünftiges Endprodukt herstellen will", betont Frank Riemath. All dieses Wissen und handwerkliche Know-How hat er sich nach und nach selbst angeeignet und sich inzwischen einen Namen und das Vertrauen in der Szene der Westernreiterei erarbeitet.

Der Duft von Holz und Leder durchflutet die Werkstatt von Frank Riemath. Der Blick fällt zuerst auf das Zaumzeug, dann auf kunstvoll gefertigte Sättel, Kopfstücke, Sporenriemen und schließlich auf Bilder aus punziertem und koloriertem Leder. Punzieren nennt man die Technik, mit einem Punzierstempel feine Musterungen ins angefeuchtete Leder zu klopfen. Auch die Kolorierung bedarf besonderer Farben und Techniken, über die sich Herr Riemath über viele Jahre in Fortbildungen informiert hat.

Selbst einen Gerberkurs hat er gemacht, um sich genauestens mit der Beschaffenheit von Leder auszukennen. Wie viel Leidenschaft und Liebe zum Detail in all diesen Arbeiten steckt, erkennt man sofort. Die Verzierung des Sattels gehört durchaus zur langen Tradition der Sattlerei, bei FR Saddlery entstehen aber auch ganz besondere Kunstwerke ganz nach Wunsch der Kunden. So finden neben traditionellen Mustern auch mal die Schlangentattoos des Reiters oder die Pokerkarten eines leidenschaftlichen Kartenspielers ihren Weg in das Leder. Wo die Arbeit an einem einfachen Sattel etwa 50 bis 60 Stunden dauert, kann solch ein Sondermodell auch mal bis zu einen Monat in Anspruch nehmen.

> „MAN MUSS SCHON SELBST EIN BISSCHEN COWBOY SEIN."

Aber es geht natürlich nicht nur um ein hübsch verziertes Stück Leder, denn der technische Anspruch an einen Sattel ist hoch. Daher wird hier jeder Sattel für jedes Pferd individuell maßgesattelt und angepasst.

Das Pferd muss sich frei und ohne Druck bewegen können, sonst gibt es Schon- und Fehlhaltungen, die schließlich zu Haltungsschäden führen können. „Das Wohl des Pferdes ist das Wichtigste." Heute hat Riemath durch mittlerweile fast 20 Jahre Erfahrung und die frühere Zusammenarbeit mit Profireitern und Tierärzten die Routine, um all diese Faktoren selbst richtig einzuschätzen. Er selbst reitet, seit er 13 Jahre alt war. Schon damals machte er seine ersten Satteltaschen und anderes Reitzubehör selbst.

Aus der Liebe zu den Pferden und dem Reiten gab der gelernte KfZ-Mechaniker Ende der 90er seinen Job auf und suchte nach einer Arbeit als Trossführer für Wanderreiterei. Daraus ergab sich 1998 die Chance, auf einer echten kalifornischen Ranch zu arbeiten, das Leben dort kennenzulernen und bei den ersten Sattlereien reinzuschnuppern. „Das war der Wendepunkt", erinnert sich Frank Riemath. Die Leidenschaft war geweckt und schon kurz darauf machte er seinen ersten Sattel, der heute noch einen Platz in seiner Werkstatt hat.

Der Rest ist Geschichte. Eine Geschichte, die wieder einmal zeigt, dass man das am besten macht, was man mit Leidenschaft tut.

„JEDER SATTEL WIRD INDIVIDUELL AUF DEN KUNDENWUNSCH HIN GEFERTIGT. DAFÜR HABE ICH MIR NICHT NUR DAS SATTLERHANDWERK, SONDERN AUCH TECHNIKEN FÜR DIE KÜNSTLERISCHE GESTALTUNG ANGEEIGNET."

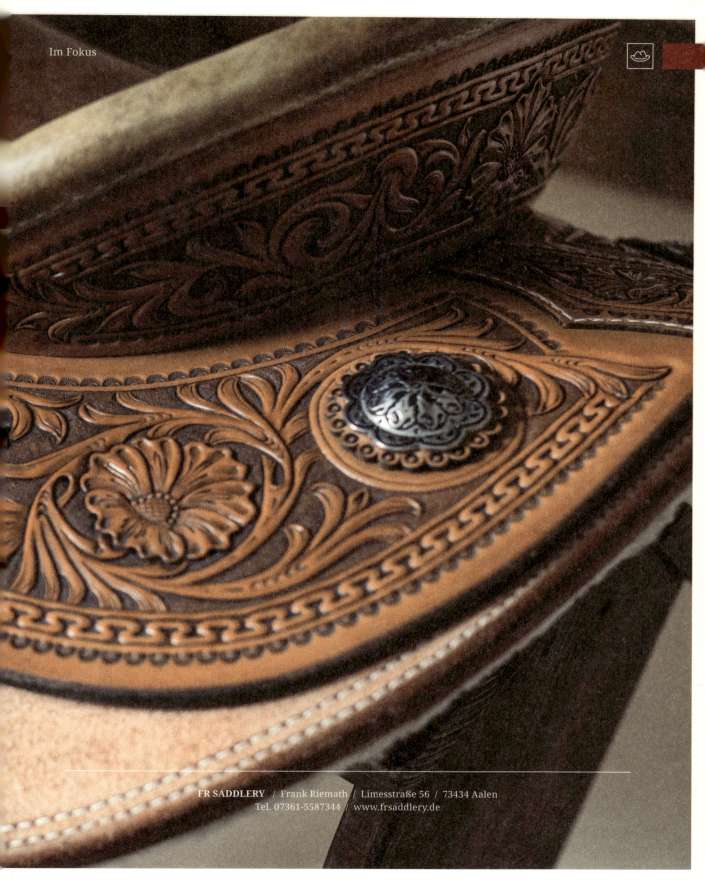

Alpakas hautnah erleben

ALPAKAHOF KAUT

HORN

Alpakas zählen zu jenen Tieren, die man sofort sympathisch findet. Ein bisschen ulkig vielleicht auch, ja. Aber in jedem Fall liebenswürdig. Wie sie so dastehen, mit ihren langen Hälsen, den spitzen Ohren, dem treuherzigen Blick. In sich ruhend und trotzdem aufmerksam und interessiert. Ungeschoren erinnern sie ein bisschen an eine flauschige Wolke. Bisweilen überraschen die kleinen Verwandten der Kamele aber auch mit richtig originellen Frisuren. Es ist jedenfalls definitiv nachvollziehbar, wenn einer sagt, er habe sich „verguckt" in diese Tiere. So geschehen bei Familie Kaut. Der Hof der Familie, ein einstiger Schweinezuchtbetrieb, hat sich inzwischen in ein wahres Alpaka-Paradies verwandelt.

„Das war ein bisschen so, als würde man sich dazu entscheiden, einen Hund zu kaufen. Alle in der Familie waren dafür und dann haben wir das einfach gemacht", erzählt Erwin davon, wie die Kauts zu ihren ersten Alpakas gekommen sind. Drei junge Stuten seien das gewesen. „Alpakas sind absolute Herdentiere. Weniger als drei sollte man nicht halten. Für uns war aber ohnehin gleich klar, dass wir auch Fohlen haben wollen", führt seine Frau Elisabeth weiter aus. Doch die kriegen Alpakas nicht mal eben so. Das dauert – und passt perfekt zum gemütlichen Wesen der Tiere. Die Tragezeit umfasst beinahe zwölf Monate.

„Dann kam der Tag, als das erste Fohlen geboren wurde und ich habe mich wirklich gefragt: Wo hatte das Platz?", lacht Herr Kaut. Im Gegensatz zu uns Menschen kommen Alpakas nämlich ziemlich fertig auf die Welt und stehen schon nach kürzester Zeit auf den eigenen vier Beinen. Faszinierend ist das. Überhaupt geht von Alpakas einfach eine große Anziehungskraft aus und die wollte Familie Kaut auch anderen nicht vorenthalten.

> „DIESE TIERE SIND EINFACH BESONDERS. DAS LIEGT AM WESEN. AN DEN AUGEN."

Deshalb sind auf dem Hof Familien, Vereine, Kollegen und andere interessierte Menschen herzlich willkommen. Ob Trekking-Tour oder Kindergeburtstag, mit Alpakas und mitten in der Natur lässt es sich herrlich entspannen. Für das leibliche Wohl ist bei einem solchen Alpaka-Erlebnistag übrigens ebenfalls bestens gesorgt, beispielsweise mit frisch zubereiteten Flammkuchen aus dem Steinofen oder leckeren Kuchen von Elisabeth Kaut.

Dass Alpakas bereits von den Inkas als Lieferant hochwertiger Fasern für Kleidung geschätzt wurden, wissen viele nicht. „Überhaupt gibt es da ziemlich viele Vorurteile: Alpaka-Kleidung würde jucken, sei nur für den Winter, nicht modisch", zählt Erwin Kaut auf. Gerne überzeugt Familie Kaut ihre Kunden bei einem der Märkte, die sie besuchen, in der Hofboutique in Horn oder den Ladengeschäften in Titisee vom Gegenteil. Der Handel mit Alpaka-Mode von Familienbetrieben in Peru war für die Familie der Weg, der sich richtig anfühlte. Die Fasern der eigenen Tiere bilden außerdem die Grundlage für individuelle Schlaf-Produkte, die in Deutschland gefertigt werden.

Man kann sagen, dass die Familie auch Aufklärungsarbeit bezüglich der Alpaka-Faser leistet. „Die Menschen müssen das anfassen, müssen an- und ausprobieren, um den Unterschied zu industriell hergestellten Fasern und Textilien zu erkennen, zu spüren. Die Alpaka-Faser ist hochwertig, langlebig und ein echtes Naturprodukt", fasst Erwin Kaut zusammen.

155

Im Fokus

MIT ALPAKAS DURCH DIE NATUR

„ALPAKAS HABEN EIN SEHR AUSGEGLICHENES UND FREUNDLICHES WESEN. VIELE SIND BEGEISTERT, WIE VERTRAUENSVOLL SICH DIE TIERE IN DIE HÄNDE IHRES BEGLEITERS BEGEBEN."

oben:
Mit Alpakas auf Tuchfühlung gehen kann man nicht nur, indem man sich einen Pullover aus Alpaka-Faser kauft – bei den Kauts kann man im Rahmen einer Trekking-Tour auch in direkten Kontakt mit den Tieren kommen

rechts:
Weil Wandern hungrig und durstig macht, kümmern sich die Kauts auf Wunsch gerne auch um die anschließende Bewirtung ihrer Gäste mit Kaffee und Kuchen oder herzhaften Flammkuchen

ALPAKAHOF KAUT / Oberdorfweg 9 / 73571 Horn / Tel. 07175-6058 / www.alpakahof-kaut.de

Keramik, Kurse und Tonschmuck

GERTI & RALF DOSTMANN

ESCHACH-SEIFERTSHOFEN

„Töpferei" steht auf den Kacheln an der Außenwand des kleinen, schmucken Häuschens mit angrenzender Scheune am Ortsrand des beschaulichen Seifertshofen geschrieben. Draußen lacht die Sonne vom Himmel und lässt das Thermometer nach oben klettern – drinnen ist es sogar noch ein bisschen wärmer. „Ich habe gestern gebrannt und der Ofen ist gerade noch am Abkühlen", begründet Gerti Dostmann die mehr als kuscheligen Temperaturen. Gleich rechts nach der Eingangstür gelangt man in die Werkstatt. Auf einem Tresen sind verschiedene umgedrehte Gefäße zum Trocknen angeordnet. In der Mitte steht ein dicker Holztisch mit Büchsen, Flaschen, Pinseln und einem Karton-Gestell, dass sich Ralf Dostmann extra für seine Tonperlen gebastelt hat. Kerben dienen als Halterung für die hitzebeständigen Drähte, auf die die runden, platten oder herzförmigen Kreationen aufgereiht sind. Hier haben gleich zwei Tonkünstler ihr Zuhause.

Auch ein Stockwerk weiter oben, im offenen Wohn- und Essbereich, ist Keramik allgegenwärtig. Auf den Regalen stehen Krüge, Kannen, Tassen. Lauter Unikate. „Wir sind ja viel auf Märkten unterwegs und wenn wir dort schöne Arbeiten von Kollegen sehen, dann nehmen wir natürlich manchmal auch was mit nach Hause. So entstand dieses Sammelsurium", erklärt Ralf Dostmann.

Auf einem Markt habe er auch Gerti kennengelernt. „Das war 2005 in Bürgel in Thüringen, meiner Heimat", ergänzt sie. Aus der anfänglichen Freundschaft entwickelte sich mehr und so kam es, dass Gerti Dostmann ins Schwabenland umsiedelte. „Ralf musste echt richtig Platz machen, als ich hier angekommen bin", erinnert sie sich. Während er sich nämlich den kleinen Dingen – Perlen in unterschiedlichen Formen, Farben und Größen – widmet, fertigt sie deutlich größere Gebrauchs- und Gartenkeramik. „Für meine Arbeit brauche ich eine Drehscheibe, einen riesigen Ofen, große Glasur-Töpfe. Das sind andere Dimensionen als bei Ralf", grinst sie.

„ICH LIEBE DAS, WAS ICH TUE – UND AUCH, DASS WIR DAS ZUSAMMEN MACHEN!"

Mittlerweile habe sich das aber gut eingependelt; alles und jeder habe seinen Platz. Und das gemeinsame Arbeiten hat natürlich einen weiteren positiven Aspekt: „Wir inspirieren uns schon auch gegenseitig", findet Ralf. Von April bis Oktober ist für Gerti und Ralf Dostmann Hochsaison. Fast jedes Wochenende sind sie dann auf Märkten in ganz Deutschland, aber auch in Österreich und sogar Italien unterwegs. „Man muss da schon auch ein bisschen das Zigeunerleben lieben", sagt Ralf, der seinen Transporter extra so umgebaut hat, dass er auch darin schlafen kann. Mit seinem „fahrbaren Perlenstand" ist er übrigens bereits seit Mitte der 80er Jahre auf Achse.

„Damals gab es geradezu einen Perlen-Boom", erzählt er. Seinem Konzept ist er bis heute treu geblieben: Es können entweder fertige Ketten, Armbänder und (Ohr-)Ringe gekauft werden – oder man stellt sich sein Schmuckstück aus dem großen Perlen-Fundus selbst zusammen. „Wenn man sich ausschließlich selbst vermarktet, kann man die Leute ganz individuell abholen. Das finde ich einfach klasse", resümiert Ralf seine Arbeitsweise.

159

RALF DOSTMANN

„DIE ARBEIT MIT TON ERÖFFNET EINEM EINE GROSSE VIELFALT. ES GIBT IMMER WIEDER NEUE METHODEN UND TECHNIKEN, DIE MAN AUSPROBIEREN KANN."

Werkstattbesuch

GERTI DOSTMANN

„ES GIBT TAGE AN DENEN ICH UNHEIMLICH GERNE DREHE. DA BIN ICH GANZ BEI MIR. MAN ATMET GANZ ANDERS UND HÖRT IRGENDWANN AUCH NICHT MEHR DAS HÖRBUCH, DAS MAN SICH ANGESCHALTET HATTE."

GERTI & RALF DOSTMANN / Waldmannshoferstraße 14 / 73569 Eschach-Seifertshofen
Tel. 07975-5231 / www.keramikundkurse.de / www.tonschmuck.de

Erdstrahlenfreie Massivholzbetten

BRUNNER LEBENSBETTEN

JAGSTZELL

Es riecht manchmal süßlich, manchmal frisch. In jedem Fall aromatisch. Holz duftet! Und sorgt damit für ein ganz besonderes Raumklima. „Als kleiner Junge bin ich öfter in der Schreinerei meines Patenonkels gewesen. Ich liebte den angenehmen Geruch dort", erinnert sich Martin Brunner. Schon damals habe er gewusst, dass er später Schreiner werden möchte. Heute ist er selbständiger Schreinermeister. Mit seiner Arbeit hat er sich ganz dem Holz verschrieben – vor allem aber auch einem Produkt, das er selbst entwickelt hat: dem Lebensbett. „Mein Lebensbett schützt den Menschen vor krankheitserregenden Erdstrahlen und sorgt so für einen gesunden Schlaf, der gleichermaßen erholsam und regenerierend ist", erklärt er.

„Es gibt eben doch stärkere Sachen auf der Welt als die, die man greifen kann", ist Martin Brunner inzwischen überzeugt. Das habe er bereits mehrmals am eigenen Leib erfahren. Etwa nach einem schweren Motorradunfall. Die Schmerzen bekam er damals erst in den Griff, als er sich auf die Naturheilkunde einließ. „Eines Tages beauftragte mich dann eine Kundin damit, Massivholzplatten für ein Bett in einer ganz bestimmten Art und Weise zu bearbeiten – nämlich so, dass an Kopf- und Fußteil die Holzfaser senkrecht verläuft, also anders als eigentlich üblich", berichtet er.

Diese Konstruktionsweise sollte der Ableitung erdmagnetischer Strahlung dienen. „Ich fand das total spannend und habe mich deshalb weiter mit diesem Thema beschäftigt", so Martin. Die Idee für das Lebensbett war geboren und ließ ihn nicht mehr los! Spätestens, wenn man einen Blick unter die Matratze wirft, erkennt man die besondere Bauweise des Bettgestells: Dort sind Holzbretter so angebracht, dass sie von der Mitte her aufsteigend zur Bettseite angeordnet sind. „Die Natur sucht sich immer den leichtesten Weg; dieser geht für die Erdstrahlen nun mal durch die Kapillarröhren. Und das funktioniert wie bei elektronischen Daten, die durch Glasfasern geschickt werden", beschreibt Martin Brunner das Prinzip.

> „JEDES MEINER LEBENSBETTEN IST EIN HANDGEFERTIGTES UNIKAT – EIN WERTHALTIGES, ÖKOLOGISCHES NATURPRODUKT."

Langfaseriges Lärchenholz sei hierfür besonders gut geeignet. Der Schreinermeister verarbeitet das Holz außerdem in seiner natürlichen Wuchsrichtung, sprich Wurzel unten, Gipfel oben. Zur Verbindung der einzelnen Teile dienen Holzschrauben, da Metallteile den Erdmagnetismus verstärken würden. „Ziel dieser speziellen Konstruktion ist es, die Strahlen um das Bett zu lenken und den Schlafenden zu schützen", resümiert er. Martin Brunner ist sich bewusst, dass sein Lebensbett ein absolutes Nischenprodukt ist. Aber für Menschen, die auf Erdstrahlen empfindlich reagieren, ist das Lebensbett ein absoluter Glücksfall. „Für den Schlafbereich empfehle ich beispielsweise ausschließlich Massivholzmöbel, einfach weil ich davon überzeugt bin, dass die Formaldehydausgasung bei Spanplatten negative Auswirkungen auf unsere Gesundheit hat", sagt Martin Brunner.

Wenn man bedenkt, dass man rund ein Drittel seines Lebens schlafend verbringt, dann sollten das Bett und dessen unmittelbare Umgebung in jedem Fall ein Ort zum Wohlfühlen und Kraft-Tanken sein. Martin Brunner ist offen für Gespräche und Beratung und leiht sein Lebensbett inklusive „Hüsler Nest", ein Schlafsystem auf Basis natürlicher Materialien, gerne zum Probeschlafen aus.

163

Sachkunde

ÜBER DIE WIRKUNG VON HOLZ

———

Betritt man Martin Brunners Ausstellungsraum in Jagstzell, dann steigt einem gleich dieser herrliche Holzgeruch in die Nase. Nicht nur Martin Brunner ist davon überzeugt, dass Holz unser Wohlbefinden positiv beeinflussen kann. „Es gibt natürlich auch Lufterfrischer mit der Duftnote „Holz" – die Heilkraft und Energie von echten Bäumen und massiven Hölzern kann allerdings nie auf künstlichem Wege erzeugt werden", meint der Schreinermeister. Hier ein paar Beispiele, welche Wirkung man Holzarten nachsagt:

ULME

- bündelt die Gedanken
- fördert Organisation und Kreativität
- für Arbeitstische in Büros

AHORN

- wirkt positiv auf Menschen, die nachts viel verarbeiten
- sorgt für einen erholsamen Schlaf

LINDE

- stärkt den Gemeinschaftssinn
- geeignet für Ess-, Stamm- und Besprechungstische

WALNUSS

- hilft bei der Suche nach Lebenssinn und Lebensaufgabe
- vermittelt Klarheit und Willensstärke

ERLE

- muntert auf
- hilft dabei, sich nicht in Gedanken zu verfangen
- geeignet für den Bettenbau

LÄRCHE

- schafft Vertrauen
- bringt Leichtigkeit
- lehrt Bescheidenheit
- für Arbeitstische und Betten

MARTIN BRUNNER / Christgasse 15 / 73489 Jagstzell / Tel. 07967-7109990 / www.brunner-betten.de

Kleidung und Taschen aus Leder

UNICO
FINEST LEATHER

GSCHWEND

Schon bevor der Mensch begann Textilien zu entwickeln, war Leder das Ausgangsmaterial für Bekleidung. Diese Ursprünglichkeit und Natürlichkeit macht aber nur einen Teil von Jakob Mefferts Faszination für dieses Material aus. Mehr als alles andere begeistert ihn die Vielseitigkeit, die in Leder steckt, denn je nach Lederart und Gerbtechnik weist es unterschiedlichste Eigenschaften und Verarbeitungsmöglichkeiten auf, die Meffert mit Kreativität und Know-How zu nutzen weiß.

Jakob Meffert kam in den 80ern erstmals mit Leder in Berührung. Unmittelbar nach seiner handwerklichen Ausbildung zum Maschinenschlosser begann er in Heidelberg eine Umschulung zum Jugend- und Heimerzieher. Dort lernte er über einen Studienkollegen, der zuvor als Schuhmacher gearbeitet hatte, das Material kennen.

„In unserer Freizeit entwarfen wir mit viel Begeisterung Sandalen und Taschen", erinnert er sich. Ein Jobangebot in der Jugendarbeit bewegte den gebürtigen Rheinländer dann zunächst zu einem erneuten Ortswechsel nach Schwäbisch Gmünd, wo Meffert an der pädagogischen Hochschule Lehramt für Sport und Werken studierte.
Doch schließlich war die Begeisterung für die schöpferische Arbeit mit Leder stärker und trieb ihn 1986 in die Selbständigkeit. So wurde aus dem Hobby ein Beruf. Er studierte und experimentierte in autodidaktischer Arbeitsweise die Vielfalt des Materials; es folgten erste Schritte in der Bekleidung. Neben Hosen und Westen entstanden Jacken, Röcke und Kleider. „Ich habe damals Jeans auseinandergetrennt, um mir die Schnitte anzuschauen."

„MEINE ANSPRÜCHE: HOCHWERTIGES MATERIAL, GUTE FUNKTION UND VERARBEITUNG SOWIE EIN STIMMIGES GESAMTBILD"

Heute hat er über 30 Jahre Erfahrung in der Lederverarbeitung und deckt einen großen Bereich der Lederbekleidung mit dem Schwerpunkt auf Männerbekleidung ab. Dabei schwört er auf zeitloses, reduziertes Design und klassische Schnitte und verwendet ausschließlich Leder aus deutschen Gerbereien. Die Auflagen für Färbe- und Gerbmittel sind in Deutschland sehr hoch und garantieren eine für Meffert unverzichtbare Hochwertigkeit des Materials. So auch bei seinem neuen Projekt, für das er Rohware von Angusrindern und schottischen Highlandrindern direkt vom Erzeuger erwirbt und in einer hessischen Gerberei rein pflanzlich gerben und färben lässt. Es ist ein Projekt, das ihm besonders am Herzen liegt: „Das faszinierende Narbenbild und die Haptik dieses Leders lassen jede Lederjacke zu einem unverwechselbaren Unikat werden."

In seiner kleinen Manufaktur empfängt er Kunden aus ganz Deutschland, die durch Mundpropaganda oder auf Kunsthandwerkermärkten und Designmessen auf ihn aufmerksam geworden sind.

Mit seiner Begeisterung und seinem Enthusiasmus nimmt er seine Kunden an die Hand, berät und informiert über alles, was mit dem Material Leder zusammenhängt, lässt seinen Kunden aber immer den Freiraum, den er auch selbst benötigt, um kreativ und schöpferisch tätig sein zu können. Denn jedes Stück von Unico soll auch die Persönlichkeit des Trägers unterstreichen und dem Kunden ein langes Tragevergnügen bescheren.

Im Fokus

„WEIL ICH IMMER PARALLEL ZUR WIRBELSÄULE ARBEITE, ENTSPRICHT DIE POSITION MEINER JACKEN BEIM TRÄGER DER URSPRÜNGLICHEN PLATZIERUNG DER HAUT BEIM TIER. SO ENTSTEHT EIN RUNDUM STIMMIGES KLEIDUNGSSTÜCK UND UNGLEICHMÄSSIGES AUSDEHNEN WIRD VERHINDERT. HOCHWERTIGE LEDERBEKLEIDUNG ERKENNEN SIE ÜBRIGENS IMMER AN DEN NÄHTEN: WENIGER GARANTIEREN EINE HÖHERE HALTBARKEIT."

JAKOB MEFFERT / Welzheimer Straße 1 / 74417 Gschwend / Tel. 07972-9126210 / www.unico-leder.de

Skulpturen, Installationen, Schmuck

ALKIE OSTERLAND

SCHWÄBISCH GMÜND

Glas ist aus dem Alltag des modernen Menschen nicht mehr wegzudenken. Wir trinken und essen aus Glasgefäßen, leben und arbeiten hinter gläsernen Scheiben in Fenstern oder ganzen Glasfassaden, tippen und wischen unentwegt über das Glasdisplay unseres Smartphones. „Eigentlich ist es kaum vorstellbar, dass dieser fragile, durchscheinende Werkstoff aus einem Haufen Sand, aus Dreck quasi, hergestellt wird", formuliert Alkie Osterland ihre persönliche Faszination für Glas, das sie zum Material der Wahl für ihre Arbeit, ihre Kunst auserkoren hat. „Ich habe mich wirklich auch im Bearbeiten anderer Materialien versucht – bin aber immer wieder beim Glas gelandet", sagt sie.

Um im Glashandwerk Fuß zu fassen, kann man eine Ausbildung absolvieren, beispielsweise zur Glasmalerin oder -macherin. Alkie Osterland hat sich für einen anderen Weg entschieden. „Man könnte es eine mittelalterliche Walz nennen, was ich gemacht habe. Ich hatte nur keinen Rucksack dabei", erzählt sie schmunzelnd von ihren Lehrjahren.

Ihre Lehrer habe sie sich selbst ausgesucht: „Ich bin in die Werkstätten gegangen, die mich interessiert haben, wo mir die Arbeiten, der künstlerische Ausdruck und die Persönlichkeit gefallen haben." So kam sie Anfang der 90er Jahre auch nach Schwäbisch Gmünd, wo sie seither hängen geblieben ist. „Wenn ich genau darüber nachdenke, bin ich jetzt genauso lange hier, wie ich nicht hier war", lacht sie. Die Rahmenbedingungen hätten damals wie heute gepasst. „Schwäbisch Gmünd ist zwar eine kleine Stadt, es arbeiten hier aber wirklich sehr viele kreative Menschen", findet Alkie Osterland. Zum lebendigen Kulturleben der Stadt trägt die Glaskünstlerin als zweite Vorsitzende des Gmünder Kunstvereins übrigens einen nicht unerheblichen Teil bei.

> „DAS EINTAUCHEN IN DIE ARBEIT BRAUCHT NATÜRLICH ZEIT. ABER ES IST EINFACH SCHÖN, SICH IN ETWAS VOLL UND GANZ ZU VERTIEFEN."

Vor rund zehn Jahren eröffnete sie außerdem gemeinsam mit Maria Hokema und Angela Munz im Prediger, dem Kulturhaus der Stadt, die Galerie „Labor im Chor", die inzwischen weit über die Stadtgrenzen hinaus bekannt ist. „Unser Anliegen ist es, angewandter zeitgenössischer Kunst eine Plattform zu bieten. Es gibt in diesem Bereich hervorragende Leute und die wollen wir zeigen", beschreibt sie das Konzept. Die Galerie sei aber schon auch ihre Präsenz in der Stadt: „Mein eigenes Atelier liegt ja nicht ganz so zentral und es gibt keine fixen Öffnungszeiten. Herkommen darf man natürlich trotzdem."

Was in der Galerie und überhaupt in der Welt passiert, saugt sie auf – nutzt es als Inspirationsquelle für die eigene Arbeit. „Der Austausch mit Kollegen ist mir einfach wichtig", sagt sie. Weil sie sich die erste Werkstatt mit Goldschmiedinnen teilte, wurde Glasschmuck überhaupt erst Teil ihrer Arbeit. Geschliffene Glassteine verbindet sie aktuell besonders gerne mit historischen Elementen aus der Modeschmuckindustrie. Gleichzeitig behandelt sie mit ihren freien Glasarbeiten derzeit das Thema Landschaft. „Ich kann eigentlich gar nicht sagen, was ich lieber mache. Ich mache da einfach keinen Unterschied. Alle Arbeitsbereiche halten sich in Kopf und Herz die Waage", fasst Alkie Osterland zusammen.

Werkstattbesuch

ÜBERS SCHMELZEN UND FORMEN

links:
Für die Herstellung ihrer gläsernen Objekte stellt Alkie Osterland immer zuerst ein Positiv aus Ton oder Wachs her. Dieses entspricht dem späteren Objekt.

rechts:
Die Positivform wird anschließend mit einer hitzebeständigen Formmasse abgeformt.

unten:
In die fertige Form wird hochtransparentes Rohglas eingefüllt und bei über 800°C eingeschmolzen.

„GLAS IST LICHT, DURCHSCHEINEND, FLIESSEND, SEHR ZERBRECHLICH, ABER AUCH VERLETZEND. GLAS WECKT SO VIELE ASSOZIATIONEN, AUCH GEGENSÄTZLICHE, DASS FÜR MICH DAS MATERIAL AN SICH SCHON TEIL DER AUSSAGE IST."

Wer selbst die verschiedenen Möglichkeiten der heißen Glasverarbeitung kennenlernen und ausprobieren möchte, kann an einem von Alkie Osterlands Workshops teilnehmen, die sie jeweils im Sommer und Herbst anbietet. In einer kleinen Gruppe wird nach eigenen Entwürfen gearbeitet. Jeder wird individuell vom Entwurf über den Formenbau und die Glaszusammenstellung bis hin zum fertigen Objekt begleitet. Da der Schwerpunkt der Workshops im praktischen Tun liegt, sind Vorkenntnisse nicht erforderlich.

ALKIE OSTERLAND / Rauchbeinstraße 7 / 73525 Schwäbisch Gmünd / Tel. 0175-8894175 / www.alkie-osterland.de

Fagotte und Klarinetten

BERND MOOSMANN
MEISTERWERKSTÄTTE FÜR HOLZBLASINSTRUMENTE

WAIBLINGEN

In der Werkstatt sind oben auf dem Regal die Kanteln gestapelt. Kaum vorstellbar, dass sich ein solcher Holzklotz tatsächlich in ein wohlklingendes Instrument verwandeln lässt. Die verschiedenen Abteile des Regals vermitteln zumindest einen ersten Eindruck davon, welche Stadien das Holz durchläuft, bis es spielbar ist. Auf Quader folgen Zylinder. Es muss gebohrt, gefeilt, gelötet, lackiert und poliert werden. Am Ende halten die Instrumentenbauer, die in Bernd Moosmanns Meisterwerkstätte für Holzblasinstrumente angestellt sind, meistens Fagotte, manchmal auch Klarinetten in der Hand. Vom beschaulichen Waiblingen treten diese ihren Weg in die weite Welt an. Auf allen fünf Kontinenten und in über 60 Ländern erklingen Instrumente aus dem Hause Moosmann.

„Mein Vater war auch Instrumentenbauer. Schon als Kind habe ich mich zu ihm an die Werkbank gesetzt, einfach weil es mich interessiert hat, was er da so macht", wirft Bernd Moosmann einen Blick in die Vergangenheit. Dass er in die Fußstapfen seines Vaters treten und den gleichen Beruf ergreifen würde, sei schon damals irgendwie klar gewesen.

Auf die Lehre folgten der Meistertitel und schließlich die Übernahme des Winnender Traditionsunternehmens Kohlert. „Das war wirklich eine Firma mit Weltruhm, die damals noch alle Holzblasinstrumente fertigte", sagt er.

Unter der Leitung von Bernd Moosmann wurde die Produktion zunächst auf ein einziges Instrument, das Fagott, konzentriert. Seither feilt er mit seinen Mitarbeitern und in Zusammenarbeit mit verschiedenen Künstlern an der Optimierung der Moosmann-Fagotte. „Bohrungen, Wandstärke, Tonlöcher – all das beeinflusst den Klang des Instruments. Man hat da als Hersteller schon seine eigene Handschrift", erklärt Bernd Moosmann, greift in der Werkstatt zu einem unfertigen Instrument und betätigt die Klappen. „Hören sie das Klappern?", fragt er.

„ES ERFÜLLT MICH MIT STOLZ, WENN GUTE KÜNSTLER MEINE INSTRUMENTE SPIELEN."

Dieses gelte es beispielsweise auf ein Minimum zu reduzieren. Tonlöcher müssten optimal abgedichtet sein. Klappen müssten leichtgängig sein. „Viele denken, dass wir einfach eine Schublade aufmachen und da die Klappen und so weiter rausholen. So ist das aber nicht! Bei uns wird alles von Hand gefertigt. Jedes Teil wird auf den jeweiligen Korpus angepasst", beschreibt Moosmann den Produktionsprozess. Das erklärt auch die rund 150 Arbeitsstunden, die in einem Moosmann-Fagott stecken.

Neben präziser Handarbeit sind natürlich auch die verwendeten Materialien ausschlaggebend für die Qualität des Produkts. „Wir lagern das Holz mindestens acht Jahre, bevor wir es verarbeiten", beschreibt der Geschäftsführer ein wesentliches Qualitätskriterium und ergänzt: „Ich denke, unsere Stärke ist, dass wir auf individuelle Wünsche eingehen können." Für unkonventionelle und innovative Ideen ist Bernd Moosmann offen und scheut sich auch nicht, im traditionsbewussten Instrumentenbau-Sektor ein bisschen aus der Reihe zu tanzen – etwa mit seinen hellen Fagotten.

175

VOM HOLZ ZUR MUSIK

links:
Das Schallstück sitzt auf der Bassröhre, an die der Flügel anschließt; das untere Ende bildet der Stiefel. Aus diesen vier Teilen besteht jeder Fagott-Korpus. Hier wird gerade der Stiefel eingeherzt.

oben:
Aus diesen vorgedrehten Holzteilen entsteht später die Bassröhre.

unten:
Die Tonlöcher werden lackiert.

oben:
Lackierte Teile warten auf die Weiterverarbeitung.

Werkstattbesuch

oben:
Klappern ist absolut uner-
wünscht – deshalb wird jede
Klappe mit einem Polster
versehen. Zum Einkleben
wird Siegellack erwärmt.

unten:
Jetzt geht es an die
Feinjustierung.

oben:
Mit Hilfe einer komplizierten
Klappenmechanik werden
die Tonlöcher geöffnet und
geschlossen.

rechts:
Einbau der B-Klappe am
Stiefel.

MEISTERWERKSTÄTTE FÜR HOLZBLASINSTRUMENTE GMBH / Anton-Schmidt-Straße 19 / 71332 Waiblingen
Tel. 07151-905633 / www.b-moosmann.de

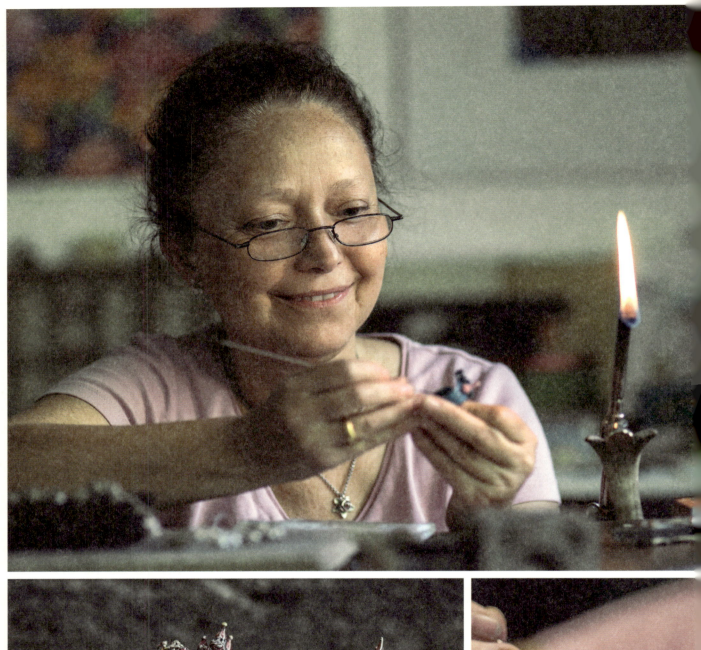

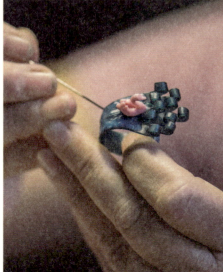

Silberne & goldene Geschichten

MÄRCHENSCHMUCK
IRIS SCHAMBERGER

SCHWÄBISCH GMÜND

Ein Schwan bahnt sich samt Gefolge seinen Weg durchs Wasser. Die Bewegung zaubert formschöne Wellen ins kühle Nass. Eine Szene, die man beispielsweise bei einer gemütlichen Pause vom hübsch gestalteten Remsufer in Schwäbisch Gmünd aus beobachten kann. Oder aber man begibt sich in die ebenfalls remsnah gelegene Werkstatt von Iris Schamberger. Hier muss man nur ein bisschen genauer hinschauen. Denn was in natura mindestens einen Quadratmeter ausfüllt, passt bei der Schmuckschaffenden auf eine Ringschiene.

Eine heiße Nadel, Wachs, richtig viel Fingerspitzengefühl - das sind Iris Schambergers Arbeitsutensilien. An ihrer urigen Werkbank sitzend, fischt sie aus einer Schachtel mit vielen winzigen rosa Teilchen drin einen ebenso winzigen Schwan. Diesen hat sie einst selbst aus Wachs modelliert und anschließend vervielfältigen lassen.

Aus ihrem breiten und ständig wachsenden Miniaturformat-Fundus bestehend aus Blüten, Drachen, Fröschen, Schmetterlingen, Feen, Delfinen und vielem mehr modelliert sie immer neue und immer einzigartige Schmuckstücke. Anhänger, Ohrstecker, Ringe. Sie alle eint die Tatsache, dass sie eine Geschichte erzählen. Eine, die bereits in Form eines Märchens oder Romans niedergeschrieben wurde. Dornröschen zum Beispiel. Oder aber eine, die bloß im Kopf von Iris Schamberger und ihren Kunden existiert. „Letztendlich lässt sich alles in ein Märchen, in eine Geschichte verpacken", philosophiert Iris Schamberger. Man kann sie deshalb auch gar nicht als Schmuckschaffende im eigentlichen Sinne bezeichnen.

„ICH MÖCHTE SCHMUCK SCHAFFEN, DER DAS HERZ BERÜHRT UND FREUDE BEREITET!"

Iris Schamberger ist vielmehr eine Geschichtenerzählerin, die zwar keine Buchstaben zu Papier bringt, wohl aber beeindruckende und unfassbar detailgetreue Miniaturwelten kreiert. Zurück zum oben erwähnten Schwan: Konzentriert und mit ihrer fünffach vergrößernden Lupenbrille platziert Iris Schamberger den Schwan auf dem Ring und modelliert anschließend die Wellen, bis das Kunstwerk vollendet ist. „Wachs ist das perfekte Arbeitsmaterial für mich, weil es mir ermöglicht, alles zu machen, was ich mir vorstelle. Ich kann mich richtig ausspinnen mit all meinen Ideen", sagt sie.

Mithilfe des so genannten Ausschmelzverfahrens wird aus dem Wachsmodell in einer Gießwerkstatt Edelmetallschmuck. Meistens aus Silber, je nach Wunsch kann aber auch in Platin oder Gold gefertigt werden - und selbstverständlich kann jedes Schmuckstück mit Edelsteinen ergänzt und zu guter Letzt auch noch mit mehrschichtig aufgetragenem und eingebranntem Lack verziert werden.

Wenn man dann im grauen Büro sitzt und der Blick beim Tippen den Schwan am Finger streift, dann ist das immer ein bisschen wie Pause machen an der Rems. Einfach schön!

DIE KLEINE MEERJUNGFRAU
NACH HANS-CHRISTIAN ANDERSEN

Märchenstunde

1 Es war einmal ein Meerkönig, der lebte mit seinen sechs Töchtern und seiner Mutter auf dem Grund der tiefen See, wo die wunderbarsten Bäume und Pflanzen wachsen und alle Fische, kleine und große, zwischen den Zweigen hindurch schlüpfen, genauso wie hier oben die Vögel in der Luft.

2 An der allertiefsten Stelle liegt des Meereskönigs Schloss, dessen Dach Muscheln bilden. Das sieht herrlich aus, denn in jeder liegen strahlende Perlen.

3 Eine jede der kleinen Prinzessinnen hatte ihren kleinen Fleck im Garten vor dem Schloss. Die Jüngste machte den ihrigen ganz rund, der Sonne gleich mit roten Blumen und einer kleinen hübschen Statue – ein schöner Knabe, aus weißem Marmor gehauen, durch die Brandung auf den Meeresgrund gespült. Es gab für sie keine größere Freude, als von den Menschen dort oben zu hören. Als sie fünfzehn Jahre alt wurde, war es so weit: Sie durfte zum ersten Mal an die Meeresoberfläche. Dort sah sie auf einem Boot einen schönen, jungen Prinzen. Als plötzlich ein Sturm aufzog und das Boot kenterte, rettete sie ihn vor dem Ertrinken.

4 Der hübsche Prinz ging ihr nun nicht mehr aus dem Kopf und so machte sie sich auf zu seinem prächtigen Schloss aus hellgelben, glänzenden Steinen mit einer vergoldeten Kuppel. Dort war sie manchen Abend und manche Nacht auf dem Wasser und betrachtete den jungen Prinzen, der glaubte, er sei ganz allein im hellen Mondschein. Indessen fragte sie ihre Großmutter weiter über die Welt da oben aus und erfuhr, dass Menschen im Gegensatz zu den Mitgliedern des Meervolks unsterbliche Seelen besitzen würden. Die Seele eines Meeresbewohners könne hingegen nur dann unsterblich werden, wenn sich ein Mensch in ihn verliebt und ihn heiratet.

5 Sie machte sich also auf zur Meerhexe, die ihr einen Trunk versprach, der ihre Flossen zu menschlichen Beinen machen sollte. Ihr Haus lag mitten in einem seltsamen Walde. Alle Bäume und Büsche waren Polypen, halb Tier, halb Pflanze. Bezahlen musste die kleine Meerjungfrau mit ihrer schönen Stimme. Die Hexe schnitt ihr die Zunge ab. Außerdem würde sie sich in Schaum auf dem Wasser auflösen, wenn der Prinz eine andere heiratete. Sofort begab sie sich zum Schloss des Prinzen. Als der sie fand, konnte sie nicht antworten und so nahm er sie mit und gab ihr kostbare Gewänder. Obwohl er sie sehr gern hatte, wollte er trotzdem eine andere Frau heiraten.

6 Von der Meerhexe bekam die kleine Meerjungfrau ein Messer, mit dem sie dem Prinzen ins Herz stechen sollte, damit sich ihre Beine wieder in Flossen verwandelten. Das brachte sie aber nicht übers Herz und so sprang sie ins Meer – sie starb allerdings nicht, wie es die Hexe vorausgesagt hatte, sondern verwandelte sich in einen Luftgeist. So war sie unsterblich geworden, weil sie eine gute Tat vollbracht hatte.

MÄRCHENSCHMUCK - IRIS SCHAMBERGER / Pfeifergässle 22 / 73525 Schwäbisch Gmünd
Tel. 07171-1819334 / www.fairytalejewellery.com

Handgepflückte Holzschuhe

KLOX

OBERKOCHEN

„In Schweden hat einfach jeder ein Paar Clogs", erzählt Ulla Dagsberg. Sie muss es wissen, schließlich ist sie gebürtige Schwedin – und außerdem besaßen ihre Eltern dort auch noch eine eigene Clogs-Fabrik. Dass Clogs nicht nur zum Einkaufen, für Gartenarbeiten oder zum Müll rausbringen geeignet sind, haben allerdings nicht die Schweden erkannt. Vom praktischen Alltagsbegleiter zum modischen Statement entwickelte sich die Holzpantoffel anderswo. Vielleicht auch ein bisschen in Oberkochen. Da gründeten Ulla Dagsberg und Regine Brunnhuber zum Jahrtausendwechsel ein eigenes Clogs-Label. Seither entwerfen und produzieren die beiden ausgefallenes Schuhwerk aus Holz und Leder.

Schwarz, weiß oder braun seien die Clogs gewesen, die im elterlichen Betrieb gefertigt wurden, berichtet Ulla. „Ich fand das echt langweilig", gibt sie zu. Sie entschloss sich also für eine Ausbildung zur Köchin, fürs Auswandern. Wieder in die Clogs-Produktion einzusteigen, sei keine Option gewesen – bis zu diesem einen Silvesterabend, an dem Regine sie mit ihrer spontanen Geschäftsidee konfrontierte: Clogs herstellen, die lustiger, flippiger, anders sind. „Sie sagte: Komm, wir machen das! Und hat mich irgendwie überzeugt", erinnert sich Ulla schmunzelnd.

Farben sind heute fester Bestandteil des Sortiments. In den Regalen stapelt sich aufgerolltes Leder, das mal apfelgrün, mal rot mit Punkten, mal silberfarben ist. „Manchmal mache ich nur 30 gleiche Paare, wenn es nicht mehr Leder gibt", erklärt Ulla, die diese Vielfalt liebt, denn: „Mit jedem neuen Leder stehe ich vor einer neuen Herausforderung, weil sich die einzelnen Häute beispielsweise in ihrer Dehnbarkeit unterscheiden." Getackert werde übrigens immer paarweise. „Nur so kann ich sicher sein, dass wirklich jedes Schuhpaar perfekt zueinander passt", erläutert Ulla ihre Vorgehensweise.

> „DAS SCHÖNSTE AN UNSERER ARBEIT IST DER DIREKTE KONTAKT ZU DEN KUNDEN, DIE DIESES SEHR URSPRÜNGLICHE UND GLEICHZEITIG UNKONVENTIONELLE SCHUHWERK SCHÄTZEN."

Das Wort „sweden" gehört genauso zum markanten Klox-Logo wie das „o" mit weißem Bauch, das jeden rechten Schuh ziert. „Dieser Zusatz sollte den Bezug zu Schweden herstellen, wo Ulla die ersten Jahre tatsächlich mit ihren Eltern unsere Klox gefertigt hat", berichtet Regine und sagt weiter: „Als Dagsbergs sich zur Ruhe setzten, haben wir die Produktion komplett nach Oberkochen verlegt." Gefertigt werden sämtliche Paare aber nach wie vor von Ullas schwedischer Hand. Gemeinsam mit Regine feilt sie an immer neuen Modellen.

Neben der klassischen Version gibt es inzwischen auch offene Varianten und Stiefel. Sie alle eint das verwendete Material: Holz und Leder. Verarbeitet wird nur Holz aus nachhaltiger Forstwirtschaft und, wo es geht, pflanzlich gegerbtes Leder.

Einige der Modelle sind sogar zu 99 Prozent kompostierbar. „Mit den Füßen den ganzen Tag auf Holz gehen und stehen – ich denke, das ist es, was Klox-Schuhe ausmacht. Das fühlt sich einfach gut an", findet Regine.

WIE AUS HOLZ UND LEDER SCHUHE WERDEN

Die Holzböden mit orthopädischem Fussbett und Gummilaufsohle sind aus FSC-zertifiziertem Holz.

links:
Ulla macht den Feinschliff und versieht sie mit einer Zehenmulde für besseren Halt.

Für jede Größe und jedes Modell gibt es eine Stanzform für die Herstellung des Lederoberteils.

unten:
Das sogenannte Kantband verhindert das Ausweiten des Leders

Werkstattbesuch

links:
Das Leder wird vor der Weiterverarbeitung gewässert und nass am Boden befestigt. Anschließend werden Leisten eingespannt. Dann kommen die Klox für zwölf Stunden bei 60°C in einen Trockenraum, damit das Leder aushärtet und die Form der Leiste beibehält.

rechts:
Der Riemen auf dem Rist gibt dem Klox sein typisches Aussehen und sorgt für Stabilität.

Besteht er dann die Endkontrolle, ist der Schuh bereit für den Verkauf im Kloxladen oder Online-Shop.

KLOX / Heidenheimer Straße 82 / 73447 Oberkochen / Tel. 07364-957160 / www.klox.de

Textiles Gestalten und Beratung

RITA THOMA
STERBETÜCHER UND TOTENTÜCHER

URBACH

Rita Thoma arbeitet mit Textilien der besonderen Art. Sie fertigt und bedruckt Sterbe- und Totentücher. Textilien, die auf dem Weg zum und beim Sterben begleiten und die Verstorbenen einhüllen und umhüllen, bedecken und schmücken können oder auf denen der Verstorbene im Sarg liegen kann. Ein Stoff, der als Sargschmuck dienen und nach der Bestattung in der Familie bleiben oder als Begleiter Wärme und Geborgenheit spenden kann, nicht nur den Verstorbenen und Hinterbliebenen, sondern vor allem den Menschen, die durch die Herstellung des eigenen Tuches das Sterben vorbereiten und gestalten wollen.

Die Handarbeit mit Stoffen begleitet die hauptberufliche Sozialpädagogin schon ihr ganzes Leben. Nähen und Flicken gehört für sie zum Alltag. Es ist Notwendigkeit, aber auch ein Hobby, das nicht nur Beschäftigung und eine Möglichkeit zum kreativen Ausdruck bietet, sondern auch im Austausch mit anderen Menschen über Erfahrungen und Techniken eine Basis für Kommunikation und Begegnung sein kann.

2009 reifte in ihr die Idee zu den Sterbetüchern aus drei ganz unterschiedlichen, persönlichen Erfahrungen. Die Auseinandersetzung mit dem Tod begann wie für so viele Menschen durch den Verlust der eigenen Eltern und Schwiegereltern. Die Freiheit im Umgang mit dem Tod, die sie damals selbst verspürte, inspirierte sie unter anderem zu ihrer jetzigen, in unserer christlich geprägten Tradition vielleicht ungewöhnlichen Annäherung an das Thema der Sterblichkeit. Später begegnete sie in der Studiengruppe WerkRaum Textil in Nürtingen einer Teilnehmerin, die Leinentücher mit den Namen von Verstorbenen bestickte. Hinzu kam der nachhaltige Eindruck, den die Spiralmuster des Schwellensteins des jungsteinzeitlichen Hügelgrabes Newgrange in Irland bei ihr hinterlassen hatten. Für sie standen diese Muster für eine Geschichte über die Entstehung der Welt und dafür, wie Leben und Tod zusammenhängen.

> „FÜR MICH SIND DIE TÜCHER EINE MÖGLICHKEIT DER FREUNDLICHEN FÜRSORGE FÜR SICH SELBST."

Aus einem Detail dieser Muster entwickelte sie einen Teil der Stempelmotive für ihren Textildruck: der Torbogen als Symbol für einen Durchgang, aber auch für eine schützende Begrenzung. Ein weiteres Motiv entstand aus der Begegnung mit dem Barbara-Mosaik in der St. Barbarakirche im saarländischen Blickweiler: ein bergender Innenraum, eine Vulva, eine Erdspalte, eine Barke, ein Samenkorn. So entstand ein Gewebe aus Erfahrungen, mit dem sie heute ihre Sterbetücher gestaltet.

Meist verwendet sie zwei Stofflagen, einen unbedruckten Woll-, Seiden- oder Baumwollstoff und einen durchlässigen, leicht transparenten Leinenstoff, den sie mit ihren selbst entworfenen und gefertigten Stempeln mit speziell entwickelten, giftfreien Farben bedruckt. Jedes Tuch fertigt sie nach einem persönlichen Gespräch nach individuellen Wünschen an. Noch lieber ist ihr aber, wenn das Tuch für sich oder nahestehende Menschen selbst gestaltet wird und sie beratend und helfend zur Seite steht.

Je nach Vorlieben und handwerklichen Fähigkeiten besteht die Möglichkeit zu bedrucken, nähen, sticken, bemalen oder vielleicht sogar die Textilien im Copyshop mit Fotos bedrucken zu lassen. Es gibt hier keine Regeln, denn es geht um den Prozess, durch das Fertigen des eigenen Tuches das Sterben vorzubereiten und versöhnlich im Leben zu integrieren. Rita Thomas Arbeit ist losgelöst von konfessionell geprägter Religiosität. Es geht ihr vielmehr um den je eigenen, sehr persönlichen Weg, sich mit dem Sterben zu beschäftigen. So ein Tuch zu gestalten bietet die Möglichkeit, die Auseinandersetzung mit dem Sterben in eine handwerkliche Tätigkeit zu übertragen und damit den Weg zu erleichtern.

187

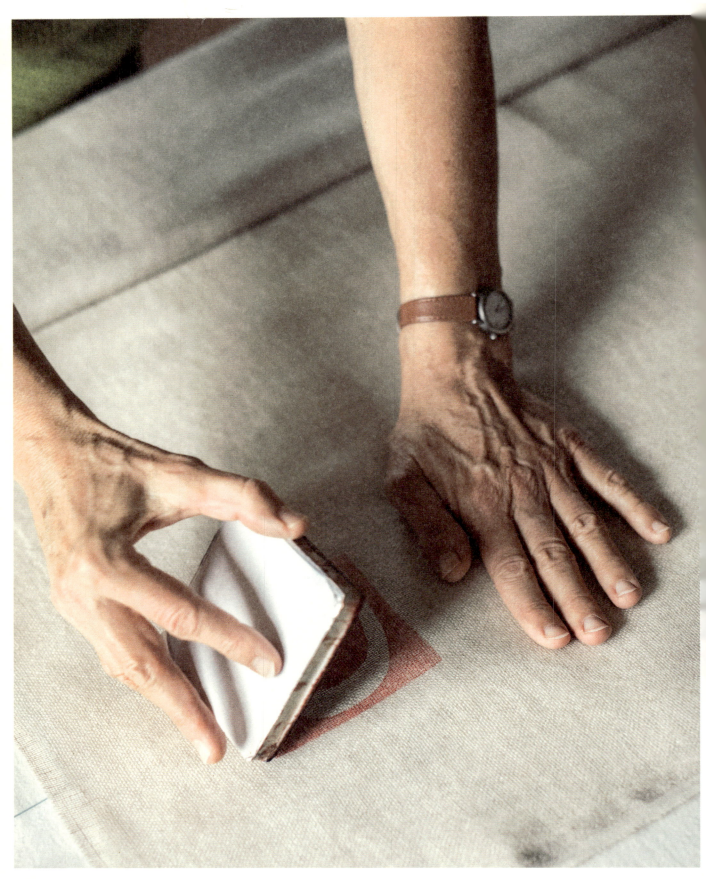

Im Fokus

GEBORGEN AUF DEM WEG
VON HIER NACH DORT

———

„BESTICKEN, BEMALEN ODER BEDRUCKEN. MAN KANN EINFACH DIE TECHNIK WÄHLEN, DIE DEN PERSÖNLICHEN VORLIEBEN UND FÄHIGKEITEN ENTGEGENKOMMT. MAN IST VÖLLIG FREI."

RITA THOMA / Hohenackerstraße 44 / 73660 Urbach / Tel. 07181-9936678 / www.sterbetuecher.de

189

Handgefertigte Naturseifen

ELEONA NATURSEIFEN

HEUBACH

Eine grün-graue Baumkrone sitzt auf einem Stamm, für den das Wort knorrig wohl einst erfunden wurde. Olivenbäume sehen immer ein bisschen so aus, als seien sie einem Märchen entsprungen, weil sie so uralt, so weise wirken. Annula Steidles Familie darf einen Olivenhain in Griechenland ihr Eigen nennen und sie findet: „Es ist irgendwie bezaubernd dort zu sein!" Schaut man den Hang hinunter, liege das Meer direkt vor einem. „2002 war ich zum ersten Mal bei der Olivenernte dabei. Das hat mich so begeistert, dass ich seither immer helfe", erzählt sie. Als die Ernte in einem Jahr besonders üppig ausfiel, versuchte sie sich an der Seifenherstellung. Schließlich ist Olivenöl nicht nur in der Küche unverzichtbar, sondern eignet sich auch hervorragend für die Körperpflege. Heute produziert sie hauptberuflich Naturseifen und bringt damit ein Stück des Olivenhain-Gefühls ins Badezimmer.

Quietschbunte Kunststoffflaschen mit ebenso farbigem Inhalt säumen die Gänge der Drogeriemärkte. In Annula Steidles Seifenmanufaktur sieht es ein bisschen anders aus: In einem Regal sind die fertigen Seifenstücke feinsäuberlich in transparente Boxen gestapelt. Auch hier geht es bunt zu – allerdings sind die Farben etwas gedeckter, reichen von rosa über blau bis grün. In der Luft liegt ein feiner Duft.

Wer eine gute Nase hat, erkennt vielleicht Rose, Orange, vielleicht Minze oder Lavendel. Früher gehörten die wohlriechenden, schönen Klötzchen zur Grundausstattung jedes Badezimmers. Dann kam die Flüssigseife und verdrängte das klassische Seifenstück aus den Haushalten. „Zur Herstellung einer festen Naturseife braucht man viele Zutaten gar nicht, die in industriell gefertigten Flüssigseifen, Waschlotionen, Shampoos, Duschgels und Co. landen", erklärt Annula Steidle.

Konservierungsstoffe zum Beispiel, aber auch Tenside, Parabene, Silikone und Konsorten. „Bei den Rohstoffen, die ich für meine Naturseifen verwende, achte ich darauf, dass diese so natürlich und ursprünglich wie möglich sind", beschreibt Frau Steidle weiter.

> „EINE NATURSEIFE ZU VERWENDEN IST EINFACH EIN GANZ BESONDERES, SINNLICHES ERLEBNIS."

Was genau drin steckt, kann man einfach dem jeweiligen Etikett entnehmen. „Ich habe mich immer über das Fachchinesisch auf Kosmetikprodukten geärgert. Deshalb „übersetze" ich alle Inhaltsstoffe. So kann jeder nachvollziehen, welche Zutaten verwendet wurden", sagt sie. Seifenküche trifft es ganz gut, wenn man Annula Steidles Arbeitsplatz begutachtet – und tatsächlich hat die Naturseifenherstellung etwas mit dem Kochen gemein. In einem großen Topf werden die Pflanzenöle bis 35 Grad Celsius erwärmt. Parallel wird die Lauge, die zweite wesentliche Zutat, vorbereitet. „Man muss da echt dran bleiben, weil für die einzelnen Schritte jeweils nur wenig Zeit bleibt", erläutert sie.

Ganze sechs Wochen ruhen und reifen die fertig geschnittenen und gestempelten Naturseifenstücke in offenen Regalen, bevor sie auf einem Markt, in ausgewählten Läden in der Region und übers Internet vertrieben werden.

Annula Steidle ist eine Überzeugungstäterin, hat Spaß an der Arbeit, weil es das Produkt wert sei. „Wenn Kunden mir berichten, dass sich ihr Hautbild verbessert hätte, dann bestärkt und freut mich das unheimlich", schmunzelt Annula Steidle.

Sachkunde

WARUM EIGENTLICH NATURSEIFE?

• das Kaltrührverfahren (35°C) schont die hochwertigen Inhaltsstoffe

• enthält den natürlichen Feuchtigkeitsspender Glycerin

• wirkt einer Entfettung der Haut entgegen

• macht zusätzliches Eincremen überflüssig

• frei von Parabenen, künstlichen Tensiden, Konservierungsstoffen, Silikonen oder Tierfetten

• ausschließlich aus rein pflanzlichen Ölen – allerdings nie mit dem umstrittenen Regenwald-Vernichter Palmöl

• auch für Menschen mit empfindlicher Haut oder Hautallergien geeignet

• basisches Körperpflegeprodukt, das ausgleichend und erneuernd wirkt

• Plastikflasche Ade!

• schont die Umwelt

• biologisch abbaubar

• sehr ergiebig (bei richtiger Aufbewahrung)

• Naturseifen = kleine Kunstwerke für die Augen und die Nase

• regionales Erzeugnis

Diese Angaben sind nicht allgemeingültig, sondern beziehen sich ganz explizit auf die handgefertigten Naturseifen von Eleona.

ELEONA NATURSEIFEN / Kohleisenstraße 12 / 73540 Heubach / Tel. 07173-914059 / www.naturseifen-eleona.de

193

Spielsachen für kleine Entdecker

NASEWEISS
SAMARITERSTIFTUNG OSTALB-WERKSTÄTTEN

BOPFINGEN

Blätter und Blüten sammeln, diese zu Hause pressen und später hübsche Karten für Freunde daraus basteln. Im Garten Insekten fangen und die Minimonster in einem Lupenbecher analysieren. In einer Welt, in der schon die Kleinsten wissen, wie man einen Tablet-PC bedient, rufen Blätterpresse, Sonnenuhr, Schreibtäfelchen und Co. bei den Erwachsenen vermutlich geradezu nostalgische Erinnerungen an die eigenen Kindertage wach. „Oftmals sind die Eltern richtig fasziniert, dass es so etwas überhaupt noch gibt", schmunzelt Bernhard Spaag. Gemeint sind einfache, aber durchdachte Spielsachen, mit denen kleine Entdecker Großes erleben können. Unter dem mehr als passenden Markennamen Naseweiss werden in den Ostalb-Werkstätten hochwertige Holzspielzeuge, Sachen zum Lachen und Machen produziert.

Schreinermeister Bernhard Spaag ist Gruppenleiter in der Werkstatt am Ipf in Bopfingen. „Wir verfügen über eine richtig gut eingerichtete Schreinerei mit hochwertigem Maschinenpark", berichtet er begeistert und lässt dabei seinen Blick durch die Halle schweifen. Einzige Besonderheit: Hier arbeiten 15 behinderte Menschen. „Die Kunst meiner Arbeit besteht darin, für jeden die richtige Aufgabe zu finden. Jeden im richtigen Maß zu fordern und zu fördern", beschreibt Herr Spaag.

Sechs Jahre arbeitet er nun schon in der Bopfinger Ostalb-Werkstätte und kann heute mit Überzeugung sagen: „Für mich ist das eine Berufung!" Wie sich ein Holzbrett in ein Miniatur-Katapult verwandelt, das können die Beschäftigten in den verschiedenen Arbeitsschritten nachvollziehen. „Das ist das Besondere an der Fertigung unserer Eigenprodukte: Man kann sehen, was da entsteht. Und das sorgt schon für einen gewissen Stolz bei allen Beteiligten", weiß Bernhard Spaag. In der Schreinerei wird gesägt, gehobelt, gefräst, geschliffen und lackiert – auch im Rahmen von Lohnfertigungs-Aufträgen aus der Industrie oder wenn die Eröffnung eines neuen Café Samocca, einer weiteren Eigenmarke der Samariterstiftung, ansteht und eine Theke gezimmert werden muss.

„DIE NASEWEISS-SPIELE SOLLEN ÜBERS REINE SPIELEN HINAUS IDEEN UND ERFAHRUNGEN VERMITTELN."

„Insgesamt sind rund 500 Menschen mit Behinderung in den Ostalb-Werkstätten der Samariterstiftung in Aalen, Bopfingen, Heidenheim und Neresheim beschäftigt.

Wir verpacken und montieren beispielsweise für verschiedene Firmen, kümmern uns aber gleichzeitig auch um unsere eigenen Produkte: die Naseweiss-Spiele, das Samocca sowie die Beschilderungs- und Leitsysteme von Luno", erklärt Holger Mayr, der als Bereichsleiter für die Werkstattangebote im ganzen Ostalbkreis zuständig ist. Dass man beim Kaffeetrinken und beim Spielzeugkauf eine soziale Einrichtung unterstützt, sei zwar eine gute Sache. „Wir wollen aber natürlich vor allem mit tollen, hochwertigen Produkten überzeugen, ganz ohne Sozial-Bonus", betont Holger Mayr. Die CE-Konformität, aber auch die Verwendung heimischer Hölzer aus nachhaltiger Forstwirtschaft sei deshalb eine Selbstverständlichkeit.

Insgesamt 15 Spiele erfordern mal Geschicklichkeit, mal Konzentration, mal Kreativität. Auf spielerische Weise können nicht nur Kinder alles rund um Natur, Kultur und Technik entdecken und begreifen. „Natürlich feilen wir ständig an der Verbesserung unserer Produkte und entwickeln jedes Jahr ein neues Spielzeug", verrät Holger Mayr.

195

Im Fokus

NASEWEISS / erhältlich unter anderem im Samocca Aalen / Friedhofstraße 11 / 73430 Aalen / Tel. 07361-529031
www.naseweiss-spiele.de

Unikate aus Holz

AMO-INFORM
MÖBELDESIGN OHNE SCHEUKLAPPEN

BIRKENLOHE

In Alexander Moraschs Zuhause gibt es keine gekauften Möbel. Einige seiner Stücke sind über zwanzig Jahre alt. An seiner eigenen Einrichtung lässt sich seine gestalterische Entdeckungsreise wunderbar beobachten. Von den eher runden Naturformen zu Beginn 1991 bis hin zu den geradlinigen Objekten, die er heute anfertigt. „Ich bin eher der graphische Typ", sagt er, was an seinen Serienprodukten, dem Dreiecks- und dem Würfelhocker, deutlich zu sehen ist. Doch was heißt schon „Serie"? Monotonie kommt für ihn nicht infrage. Und auch wenn er sich bei der Form dieser Sitzmöbel treu bleibt, so ist doch jedes ein Unikat.

Schon vor seiner Tätigkeit als Schreiner und Kunsthandwerker fertigte der gelernte Werkzeugmacher in seiner Freizeit Tische und Betten für seine Familie an. Doch erst nach zwanzig Jahren als Angestellter in der Industrie hatte er genug vom immer gleichen Berufsalltag und sprang ins kalte Wasser der Selbständigkeit, angetrieben von Neugierde und der Lust am Experiment. Wichtig sind ihm Kontraste und Spannungsverhältnisse zwischen einfacher Form und komplexer Intarsie, Musterung oder Farbgebung. Diesen Mut zum Experiment verlangt er auch seinen Kunden ab.

Manchmal brauche es etwas Überzeugungskraft, ein wenig Farbe in den Wohnraum zu lassen. Besonders das Entdecken von Werkstoffen ist dabei für ihn interessant, wie sein neuester Prototyp eines Stuhls aus verrostetem Baustahl und verleimtem Holz beweist. Wieder zwei Komponenten, deren Kombination zunächst nicht naheliegend erscheint und schließlich, durch Beharrlichkeit und Kreativität, technisch wie ästhetisch „funktioniert", wie er es nennt. Am Anfang steht immer eine graphische Idee.

> „IM PRINZIP WILL ICH EINFACH NUR SCHÖNE DINGE MACHEN."

Über verschiedene Modelle aus Sperrholz und das Testen unterschiedlicher Materialien nehmen diese Ideen dann Gestalt an. Dazu gehört manchmal auch das Scheitern, wenn das Material erst mal nicht so will wie er. Was ihn motiviert, ist die Frage, ob die Umsetzung seiner Ideen gelingt. So mache die Arbeit Laune. „Es geht nicht immer alles gut, aber wo ist das Problem?", sagt er. „Wenn es nicht funktioniert, dann ab in den Ofen. Das ist bei Holz der Vorteil." Schreinerei nach Lehrbuch ist das nicht, aber der Reiz ist für ihn die technische Herausforderung. Und wenn die anfängliche Idee dann real vor ihm steht, erfüllt ihn das mit Stolz. Wie der gebürtige Esslinger auf Kunsthandwerkermärkten in ganz Deutschland lernen musste, sind seine Kreationen für den einen oder anderen vielleicht zu unangepasst.

Aber das ist kein Grund, sich dem Massengeschmack zu beugen. Und wenn dieser bodenständige, ruhige Mann seine quietschgelbe Brille aufsetzt, bekommt man eine Ahnung von seiner Grundeinstellung. Denn da ist sie wieder, die Spannung zwischen widersprüchlichen Komponenten, die nur einem Ziel dient.

Im Fokus

„MAN HAT SEINE GEDANKEN, VERSUCHT DIESE ZU VERWIRKLICHEN UND AM ENDE STEHT EIN PRODUKT DA. DAS IST DER ANREIZ. WENN ICH IDEEN HABE, WILL ICH SIE UMSETZEN."

ALEXANDER MORASCH / Eigenfeld 3 / 73577 Birkenlohe / Tel. 07176-3446 / www.amo-inform.de

Zukunftswerkstatt

GEMEINSCHAFT TEMPELHOF

KRESSBERG

Spätestens dann, wenn die Straßen schmaler werden, kann das kleine Dorf Tempelhof nicht mehr weit sein! Wiesen, Felder, Bäume, das sind die unmittelbaren Nachbarn. Je nachdem von welcher Himmelsrichtung aus man dieses herrlich gelegene Idyll an der bayerisch-schwäbischen Grenze ansteuert, kann es durchaus sein, dass man zunächst keine klassischen Häuser zu Gesicht bekommt, sondern Bauwagen und Jurten. Überhaupt ist dieses Örtchen alles andere als gewöhnlich! Es ist ein Dorf, das ganz bewusst gegründet wurde, weil eine Gruppe von Menschen hier ihre ganz persönliche Vision vom gemeinsamen Leben, von einer ökologisch nachhaltigen, sozial gerechten und sinnerfüllten Daseinsform Realität werden lassen wollte.

Das ist jetzt über sieben Jahre her. In der Zwischenzeit ist viel passiert. Aus Vorstellungen sind Projekte geworden. Vor allem aber ist wieder Leben eingezogen in das kleine Dorf rund ums Schloss Tempelhof in Hohenlohe Franken. „Die Gemeinschaft umfasst jetzt 105 Erwachsene und 50 Kinder und Jugendliche", gibt Agnes Schuster Auskunft über den aktuellen Stand der Dinge und fügt schmunzelnd an: „Es können aber immer noch mehr werden. Wir machen hier sozusagen soziale Kunst!" Derzeit werde vor allem darüber diskutiert, wie der vorhandene Wohnraum noch erweitert werden kann. „Wir bauen ja nicht mal eben so – wir sind eine Genossenschaft", erklärt Agnes, Vorstand im Schloss Tempelhof e.V..
Was wann und wie gebaut oder realisiert wird, darüber entscheidet immer die ganze Dorfgemeinschaft. Hier hat jeder die gleiche Stimme. Und weil es zum Leben bekanntlich mehr braucht als einen Ort zum Wohnen, ist auch das umliegende Agrarland essentieller Bestandteil des Dorf-Konzepts. Die Bewirtschaftung der Böden dient der Selbstversorgung mit biologischen Lebensmitteln, die in der Kantine zu leckeren, meist vegetarischen oder veganen Speisen verarbeitet werden. Neben der Gärtnerei gibt es auch eine Imkerei und eine Bäckerei.

> „DAS DORF SOLL EIN LEBENSLANGER LERNORT FÜR ALLE SEIN, DENN WER LERNT, BLEIBT LEBENDIG – UND LEBENDIGKEIT KANN DURCHAUS ALS SEISMOGRAPH FÜRS GLÜCKLICHSEIN BEZEICHNET WERDEN."

Bei so viel Autarkie und Selbstorganisation stellt sich natürlich die Frage, inwiefern das System drumherum da überhaupt eine Rolle spielt? Agnes Schuster formuliert es so: „Wir gehen natürlich alle wählen, das ist klar, wichtig und richtig. Ich persönlich wundere mich aber immer darüber, dass viele über die große Politik da oben klagen und dabei ganz vergessen, welche unglaublichen Gestaltungsfreiheiten wir eigentlich in Deutschland haben." Und ruft damit irgendwie auch ein bisschen dazu auf, öfter mal Dinge wirklich anzupacken! So wie die Bewohner des Tempelhofes das jeden Tag tun.
„Wir sind eine junge Gemeinschaft und genauso wie diese stetig wächst, wachsen auch unsere Projekte und Produkte", beschreibt Birgit Fischer. Ihr Bereich, der Hofladen, ist ein gutes Beispiel, schließlich gibt es den auch nicht schon immer. Genauso wie das Schlosscafé, die Schule für freie Entfaltung, das Seminarhaus. Immer gehe es darum, das Dorf selbst zu gestalten und weiter aufzubauen. „Wir sind aber vor allem auch offen für andere und wollen uns austauschen! Mit den umliegenden Gemeinden etwa, aber auch mit interessierten Gästen von überall her, die unsere Zukunftswerkstatt kennenlernen wollen", sagt Agnes Schuster.

Alle Angebote sind deshalb auch für Externe zugänglich: Einkaufen im Hofladen, die Hochzeit im Schlosscafé feiern, das Kind im Waldkindergarten oder bei der Schule vorbeibringen, ein Seminar besuchen, Tagungsräume anmieten, Catering buchen, als Gasthelfer Kartoffeln ernten – alle sind herzlich eingeladen, die Gemeinschaft Tempelhof in ihrer Vielfalt kennenzulernen.

MITGLIED WERDEN IN DER SOLIDARISCHEN LANDWIRTSCHAFT

Auf den Feldern rund ums Dorf wachsen und gedeihen rund 50 Gemüsesorten in Bio-Qualität. „Das Konzept der solidarischen Landwirtschaft entkoppelt den Preis vom Produkt. Alle Mitglieder entrichten einen monatlichen Beitrag und erhalten dafür einen Anteil Ernte. Jede Woche liefern wir das Gemüse dann zu verschiedenen Abholstellen", erklärt Gärtnerin Maya Lukoff. Als Konsument unterstütze man so den gesamten Hoforganismus: Alle gemeinsam tragen das Risiko der Produktion – profitieren aber genauso von Überernten. „Das Schöne daran ist, dass wieder ein stärkerer Bezug zur eigenen Nahrung entsteht", findet sie.

EINKAUFEN IM HOFLADEN

Neben Gemüse werden im Dorf auch Honig und Tees verkauft und es wird sogar eigenes Brot gebacken. Diese selbst erzeugten Waren sind allesamt im Tempelhofer Hofladen erhältlich – sowie weitere Bio-Produkte, sodass man hier alles für den täglichen Bedarf findet.

Im Fokus

ORT DER BEGEGNUNG, DES GENIESSENS, DES LERNENS – FÜR ALLE!

BESUCH IM SCHLOSSCAFÉ UND FESTE FEIERN

„Alles was nicht verkauft wird, wird direkt von uns weiterverarbeitet", erklärt der Koch Martin Winkhaus und meint das genauso, wie er es sagt. Denn wie krumm eine Gurke ist, interessiert hier wirklich niemanden und selbst das oftmals entsorgte „Grünzeug" eigne sich hervorragend für die Herstellung einer Gemüsebrühe. Täglich wird für die Gemeinschaft und Seminargäste gekocht – auf Bestellung können sogar ganze Festgesellschaften beliefert werden. „Es gibt fast nichts, was wir nicht machen können. Vegetarisch-vegane Kost ist aber schon unser Steckenpferd", gibt Martin zu.

Wer noch auf der Suche nach einer passenden Location fürs nächste große Fest ist: Die Räume, beispielsweise das Schlosscafé, können auch gemietet werden. Das Café befindet sich übrigens in der ehemaligen Schlossküche, die kurzerhand zur Begegnungsstätte mit Wohnzimmer-Flair umgebaut wurde. Hier lässt es sich auch sonst herrlich entspannen mit Kaffee und hausgemachten Kuchen und Torten.

FÜRS LEBEN LERNEN

„Es geht darum, das zu stärken, was das eigene Potenzial erkennen lässt", bringt Rüdiger das Konzept der Schule für freie Entfaltung auf den Punkt. Es gehe um die Vermittlung von Lebenskompetenzen, um den roten Faden, der in jedem Leben ein anderer ist. Schon die Kleinsten sind in der Waldspielgruppe und im Naturkindergarten bestens aufgehoben. Und für die Größeren bietet sich ein Blick ins umfangreiche Seminarprogramm an, das sich um die Themen Gemeinschafts- und Persönlichkeitsentwicklung, Ökologie, Ökonomie, Bildung und Kultur dreht.

SCHLOSS TEMPELHOF / Tempelhof 3 / 74594 Kreßberg / Tel. 07957-9239030 / www.schloss-tempelhof.de

IMPRESSUM

von links nach rechts:
Jasmin Froghy Marketing
Hariolf Erhardt Leitung (V.i.S.d.P.)
Marco Kreuzer Redaktion
Sabine Eberhard Lektorat
Daniel Schwarzkopf Layout/Design
Andreas Wegelin Fotografie
Lena Fahrian Redaktionsleitung
Dilâra Büber Satz/Illustrationen

Wir danken:
Ulrich Brauchle für die Vernis Mou-Radierung auf dem Umschlag und der ausklappbaren Karte.

Sowie Laura Raab und Timnit Meseret für ihre Unterstützung.

1. Auflage 2017

XAVER

© XAVER GmbH & Co. KG
Bahnhofstraße 78, 73430 Aalen
Tel.: 07361/5249420
heimatliebe@xaver.de
www.xaver.de

Gedruckt bei Appl Druck in Wemding
auf 150g Munken

ISBN 978-3-00-058244-8

Das Werk, einschließlich seiner Teile, ist urheberrechtlich geschützt. Jede Verwertung ist ohne Zustimmung des Verlages unzulässig. Dies gilt insbesondere für die elektronische oder sonstige Vervielfältigung, Verbreitung und öffentliche Zugänglichmachung.

REGISTER

Bier
Wielands Bierbrauerei 10

Brot
Hofcafé Mangold 42

Design
AMO-inForm 198
RMS Design 126

Eier
Jagsthof 96

Fisch
Forellenzucht Remsquelle 92

Fleisch
Biolandhof Fauser 100
Honhardter Demeterhöfe 76
Lammspezialitäten
Köhrhof 84
Naturhof Engel 108
Straußenfarm Lindenhof 116
Waldeckhof 104

Freizeit
Alpakahof Kaut 154
EINS+ALLES –
Erfahrungsfeld der Sinne 134
Gemeinschaft Tempelhof 202
Hofcafé Mangold 42
Naturhof Engel 108
Straußenfarm Lindenhof 116
Ver-edelt 30
Waldeckhof 104
Wanners Eis-Café 38

Gemüse
Demeter Gärtnerei
Wiedmann 54
Gemeinschaft Tempelhof 202
Grünerlei und Ökonetz 18
Kartoffel Wagner 70
Waldeckhof 104

Getränke
Manufaktur Jörg Geiger 46
Mosterei Seiz 66

Holz
AMO-inForm 198
Brunner Lebensbetten 162
HolzArt Markus Thor 130
Klox 182
Naseweiss 194

Honig
Imkerei Fähnle 112
Imkerei Zusenhof 80

Instrumente
Bernd Moosmann –
Holzblasinstrumente 174
Martens Blasinstrumente 122

Kaffee
EINS+ALLES –
Kaffeerösterei El Molinillo 58
Schwarz Coffee Shop 34

Keramik
Gerti Dostmann 158

Kosmetik
Eleona Naturseifen 190

Kunst
Alkie Osterland 170
HolzArt Markus Thor 130
Rita Thoma Sterbetücher 186

Leder
Allgaeulilie 138
FR Saddlery 150
Klox 182
Unico Finest Leather 166

Lernen
Gemeinschaft Tempelhof 202

Mehl
Zinßer Mühle 6

Milchprodukte
Honhardter Demeterhöfe 76
Rattstadter Milch-
und Käsehof 88
Waldeckhof 104
Wanners Eis-Café 38

Mode
Allgaeulilie 138
Alpakahof Kaut 154
Klox 182
Unico Finest Leather 166

Nudeln
Zumhofer Hausnudeln 26

Öl
Abele Rapsöl 22

Saucen
Andreas B 62

Senf
Remstaler
Senfmanufaktur 50

Schmuck
Alkie Osterland 170
Ralf Dostmann 158
Märchenschmuck –
Iris Schamberger 178
Tilo Treuter Schmuck 142

Süßes
Jasi's-Cupcakelädle 14
Ver-edelt 30
Zucker-Kunst 146

Textiles
Alpakahof Kaut 154
Rita Thoma Sterbetücher 186